3.-7. Schuljahr

Birgit Brandenburg

Franz Marc

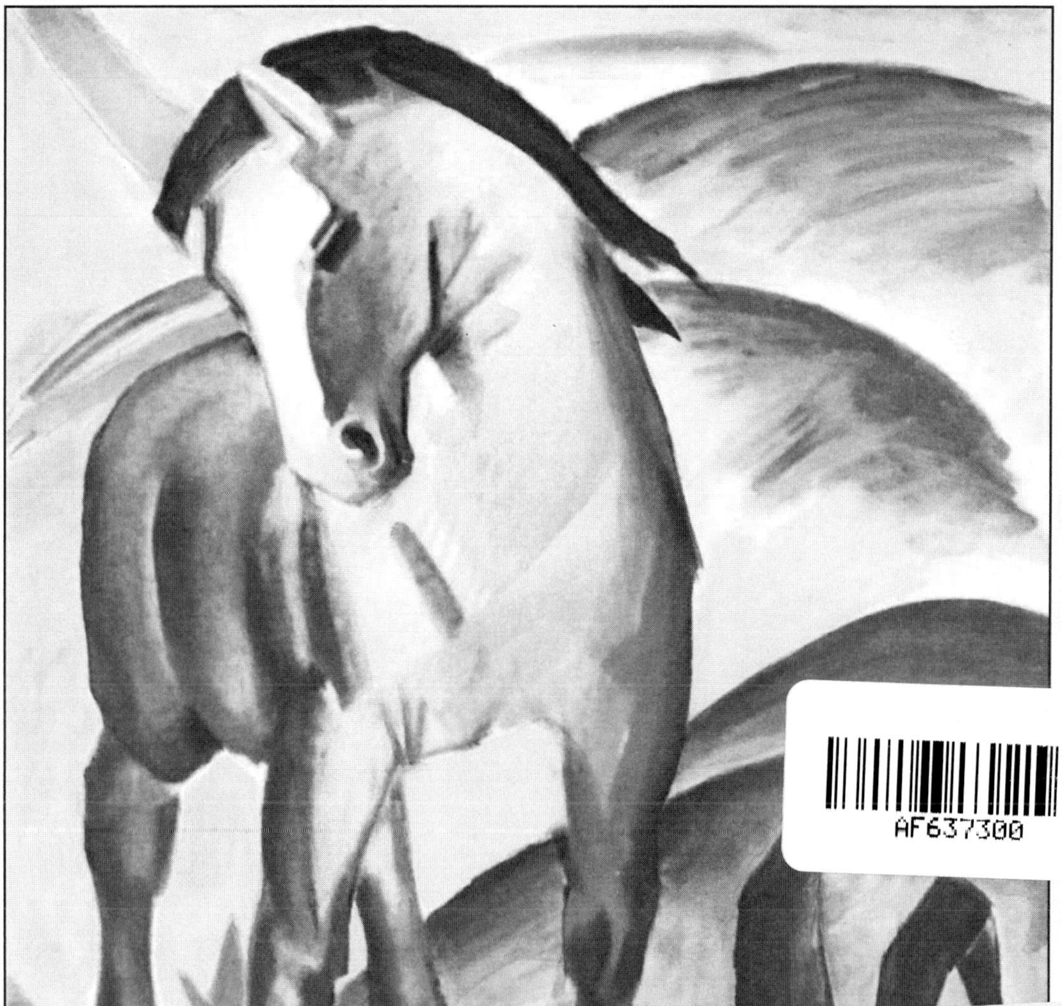

Eine Kunstwerkstatt

- Leben und Schaffen des Künstlers
- Viele Bastel- und Malprojekte
- Einzel-, Gruppen- & Wochenplanarbeit

Lernen mit Erfolg
KOHL VERLAG
www.kohlverlag.de

Franz Marc

Eine Kunstwerkstatt für 8- bis 12-Jährige

10. Auflage 2023

Inhalt: Birgit Brandenburg
Redaktion: Kohl-Verlag
Grafik & Satz: Kohl-Verlag
Druck: farbo prepress GmbH, Köln

Bestell-Nr. 10 947

ISBN: 978-3-86632-947-8

Unsere Lizenzmodelle

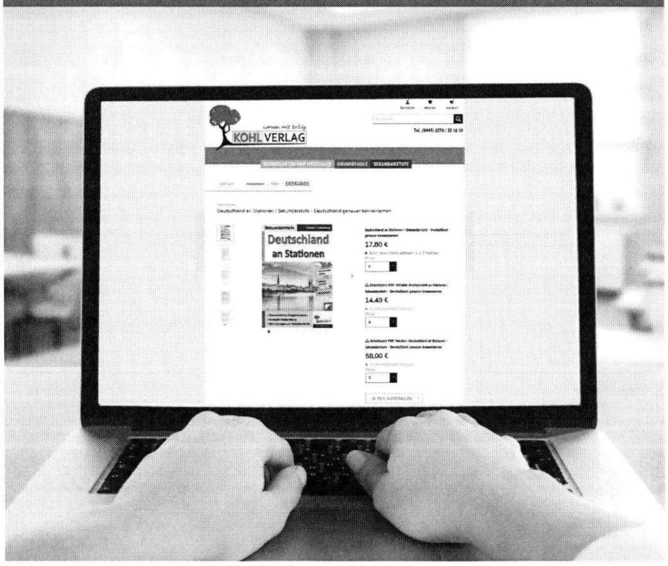

Der vorliegende Band ist eine Print-Einzellizenz

Sie wollen unsere Kopiervorlagen auch digital nutzen? Kein Problem – fast das gesamte KOHL-Sortiment ist auch sofort als PDF-Download erhältlich! Wir haben verschiedene Lizenzmodelle zur Auswahl:

	Print-Version	PDF-Einzellizenz	PDF-Schullizenz	Kombipaket Print & PDF-Einzellizenz	Kombipaket Print & PDF-Schullizenz
Unbefristete Nutzung der Materialien	x	x	x	x	x
Vervielfältigung, Weitergabe und Einsatz der Materialien im eigenen Unterricht	x	x	x	x	x
Nutzung der Materialien durch alle Lehrkräfte des Kollegiums an der lizensierten Schule			x		x
Einstellen des Materials im Intranet oder Schulserver der Institution			x		x

Die erweiterten Lizenzmodelle zu diesem Titel sind jederzeit im Online Shop unter www.kohlverlag.de erhältlich.

Inhalt

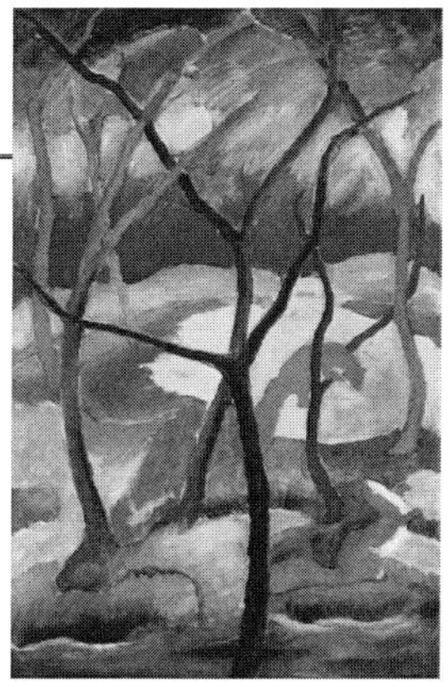

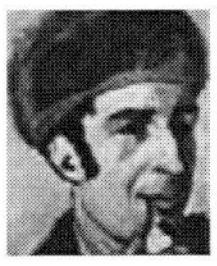

Biografie

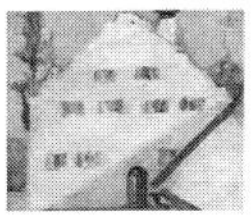

Indersdorf

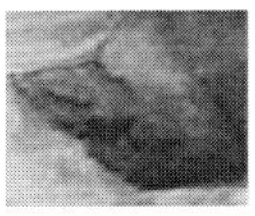

Der tote Spatz

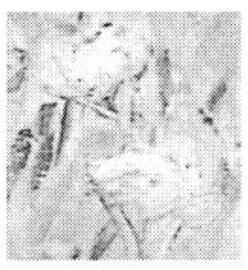

Lärchenbaum

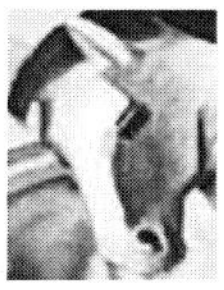

Das blaue Pferd I

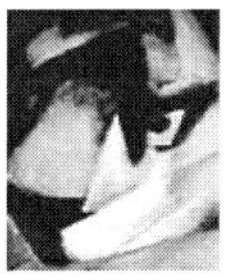

Tiger

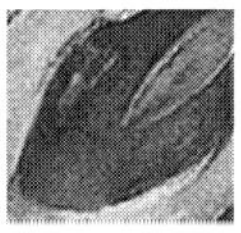

Kämpfende Formen

FRANZ MARC
Eine Kunstwerkstatt für 8- bis 12-Jährige – Bestell-Nr. 10 947
KOHL VERLAG

Wer war Franz Marc?

Franz Moritz Wilhelm Marc wurde am 8. Februar 1880 in München geboren. Die Mutter Sophie stammte aus Frankreich und gemäß ihrer protestantischen Konfession wurde Franz Marc konfirmiert. Der Pfarrer Otto Schlier beeindruckte ihn so stark, dass Marc 1897 beschloss, Pfarrer zu werden.

Nach Beendigung seiner Militärzeit 1900 begann Marc ein Studium an der Münchener Akademie. Sein Berufswunsch stand fest: Er wollte Maler werden. Seine Lehrer unterrichteten ihre Schüler in der Tradition der Malerei des 19. Jahrhunderts. Deshalb ist es nicht verwunderlich, dass die ersten Bilder Marcs düstere Landschaften mit erdigen Farbtönen zeigen.

Seine erste Reise nach Paris 1903 zeigte ihm eine neue Kunstrichtung auf – den Impressionismus. Bei seiner Rückkehr gab Marc sein Studium an der Akademie auf, mietete sich ein Atelier und versuchte sich im Stil des Impressionismus.

Bei seiner zweiten Reise 1907 nach Paris lernte er Werke der expressionistischen Vorläufer Vincent van Gogh und Paul Gauguin kennen. Nach seiner Rückkehr zog er sich nach Indersdorf zurück. An den in Indersdorf entstandenen Werken von Marc lässt sich der Einfluss van Goghs und Gauguins ablesen.

Als er 1910 August Macke kennenlernte, entwickelte sich ein reger Briefwechsel zwischen den beiden Künstlern. Durch Macke wurde der Fabrikant Bernhard Koehler auf Marc aufmerksam. Er zahlte Marc monatlich 200 Mark und erhielt die Hälfte von Marcs Bildern im Jahr. Marc war nun frei von finanziellen Sorgen und konnte sich ganz der Malerei widmen.

1911 lernte er die Künstler Alexej von Jawlensky, Marianne von Werefkin, Gabriele Münter und Wassily Kandinsky kennen. Mit Kandinsky gründete Marc die Künstlervereinigung *Der Blaue Reiter*. In kurzer Zeit organisierten sie eine Ausstellung und planten die Herausgabe eines Almanachs, der 1912 erschien. Eine Ausstellung der Münchener Künstler in Berlin firmierte unter dem Titel *Deutsche Expressionisten*.

Von 1900 bis 1914 hatte sich Marcs Malstil rasant geändert. Von den Anfängen im Malstil des 19. Jahrhunderts mit realistischen Motiven und erdigen Farbtönen ging die Entwicklung über hellere Farben im impressionistischen Stil über die prismatische Zerlegung des Motivs und der Bemalung mit Primär- und Sekundärfarben bis zur völligen Abstraktion.

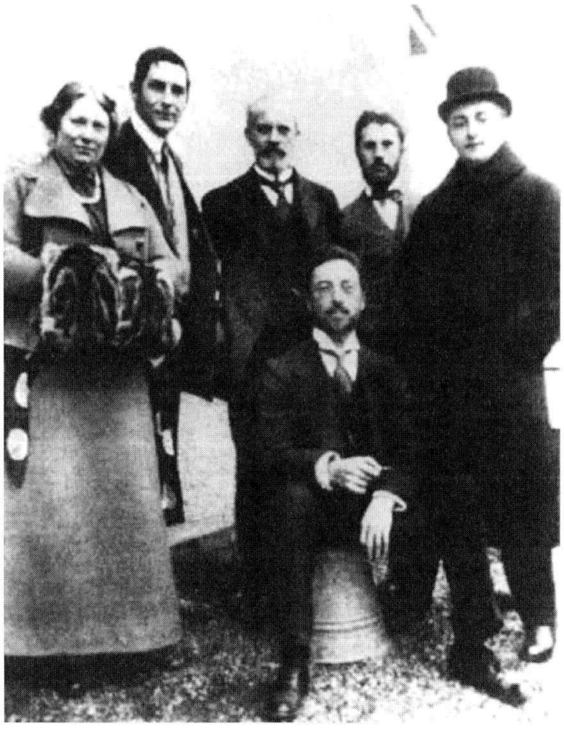

v.l.n.r.: Maria Marc, Franz Marc, Bernhard Koehler, Heinrich Campendonk, Thomas van Hartmann; sitzend: Wassily Kandinsky, 1911

1914 meldete sich Franz Marc als Kriegsfreiwilliger. Seine Einstellung zum Krieg änderte sich auch nicht, als sein Freund August Macke bereits im Herbst 1914 fiel. Im Februar 1916 hatte sich seine Einstellung zum Krieg schließlich doch geändert und er hoffte auf eine vorzeitige Entlassung aus der Armee. Am 4. März 1916 starb Franz Marc an einem Granatdoppelschuss. 1917 wurde er nach Kochel am See überführt und beerdigt.

Bemerkungen zu der Künstlerwerkstatt

Diese Künstlerwerkstatt beginnt mit der Biografie Franz Marcs, die kurz und knapp die wichtigsten Lebensdaten umreißt. Sie wurde als Puzzle angelegt, um die Schüler zu motivieren, sich mit der Kurzbiografie intensiver zu beschäftigen, als es bei einem bloßen Lesen eines Textes der Fall wäre.

Sein Malstil, seine Auffassung zur Kunst und seine Entwicklung werden in den Kapiteln in kurzen Texten dargestellt, sodass sich die Biografie auf reine Lebensdaten beschränken kann.

Die Kapitel danach beziehen sich jeweils auf ein Farbbild, die dieser Werkstatt als Vierfarbdrucke beiliegen. Das hat den Vorteil, dass der Lehrer die entsprechenden Abbildungen nicht suchen muss und sich entscheiden kann, ob er den vorhandenen Vierfarbdruck in noch einigen wenigen Exemplaren für die Hand des Schülers kopiert oder sich eine Folie für den OVP ziehen möchte.

Der Einsatz von Material wurde bewusst auf das Nötigste beschränkt, um eine „Materialschlacht“, wie man sie häufig im Kunstunterricht der Grundschule antrifft, zu verhindern. Guter Kunstunterricht kann auch mit sparsamen Mitteln erfolgreich sein. In der Regel genügen für die Werkstatt Filzstifte, Farbkasten, Zeichenblock, Schere, Kleber und Schreibpapier.

Nach dem Einsatz der Kurzbiografie kann jedes beliebige Kapitel mit den Schülern bearbeitet werden, da sie unabhängig voneinander sind. Somit bieten sich verschiedene Einsätze der Künstlerwerkstatt.

Sicherlich fallen dem erfahrenen Lehrer weitere Einsatzmöglichkeiten ein. An dieser Stelle sollen nur einige genannt werden.

Sie kann als **ganze Werkstatt** im Kunstunterricht eingesetzt werden. Möglich ist auch, die Werkstatt zur halbieren.

Ein weiterer Einsatz wäre im **Wochenplan** sinnvoll, indem vom Lehrer ausgewählte Kapitel in den Plan mit einbezogen werden.

Auch für die **Freiarbeit** können sich die Schüler mit ausgewählten Kapiteln beschäftigen oder sogar die gesamte Werkstatt im Laufe der Zeit bearbeiten.

Einzelne Kapitel können als **Mini-Referate** dienen. Jeweils ein Schüler bearbeitet ein Kapitel und stellt seine Ergebnisse der Klasse vor. Da sich in jedem Kapitel neben den Arbeitsaufträgen auch kurze Texte zu der Kunstauffassung Franz Marcs befinden, lernen die Schüler seine Entwicklung als Künstler kennen.

KOHL VERLAG Lernen mit Erfolg
FRANZ MARC
Eine Kunstwerkstatt für 8- bis 12-Jährige – Bestell-Nr. 10 947

Arbeitspass für:

	angefangen	beendet	kontrolliert

Wer war Franz Marc?

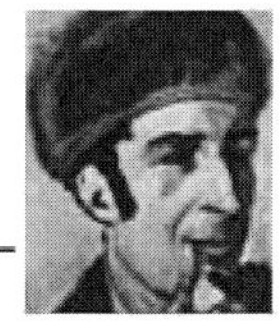

Franz Marc war ein berühmter deutscher Maler. Zuerst wollte er Pfarrer werden, dann entschloss er sich, Maler zu werden. Er liebte das Landleben und ganz besonders die Tiere. Den Menschen misstraute er, aber Tiere begeisterten ihn. Das sieht man auch an seinen Bildern, in denen gelbe Kühe, rote Pferde und blaue Rehe zu sehen sind.

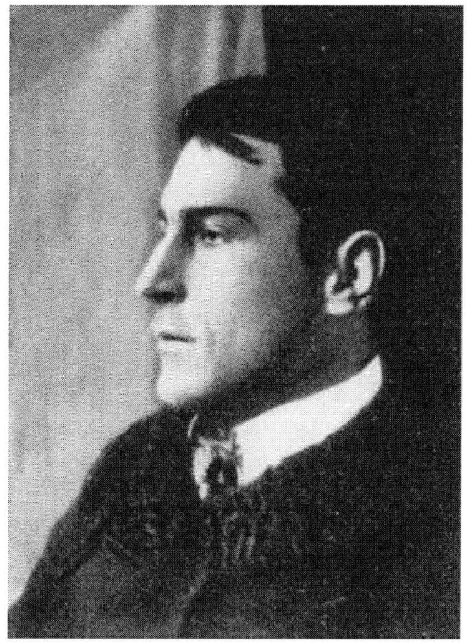

Aufgaben: *Schneide die Teile aus und klebe sie als Puzzle auf ein Blatt!*

Lies dann die Kurzbiografie über Franz Marc!

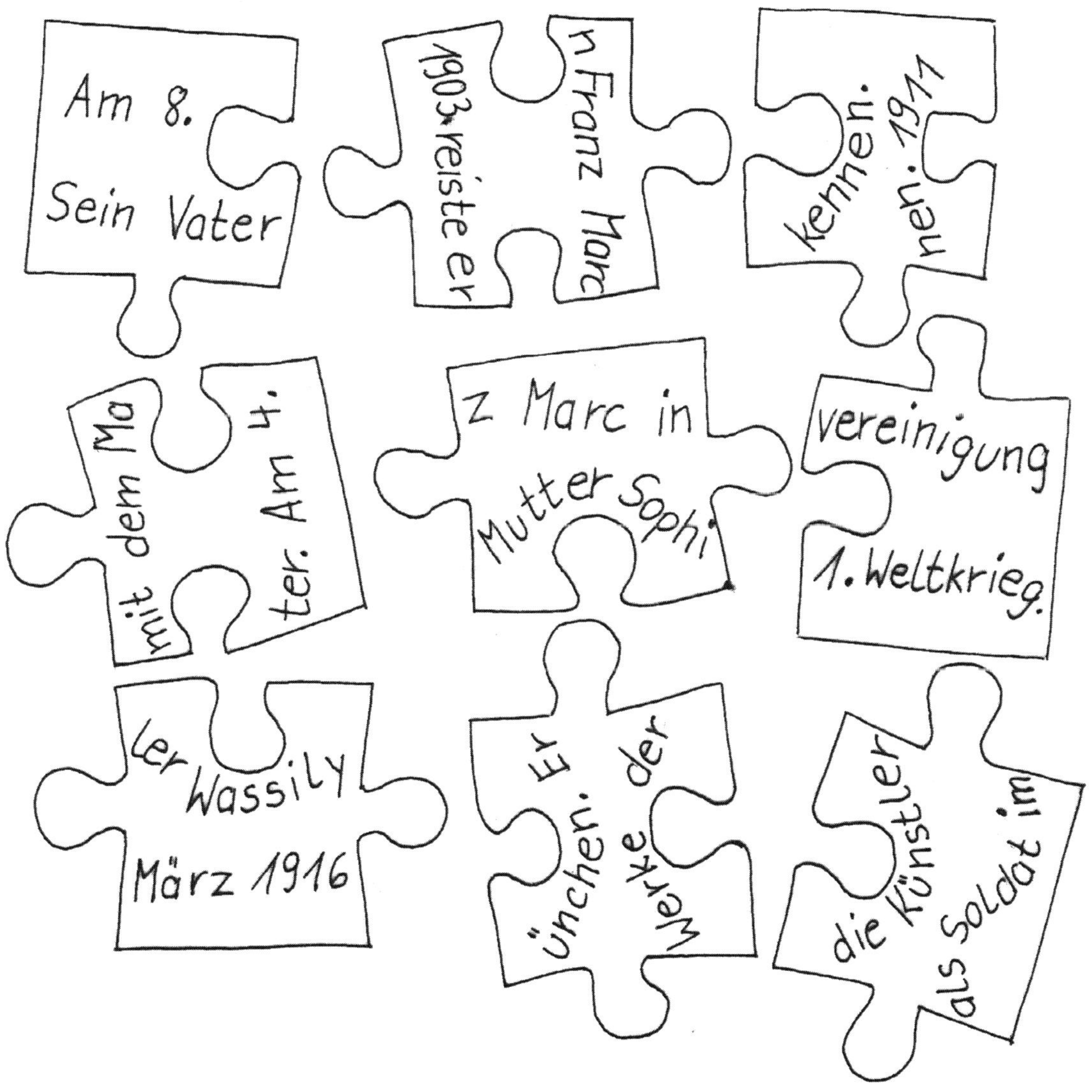

KOHL VERLAG
FRANZ MARC
Eine Kunstwerkstatt für 8- bis 12-Jährige – Bestell-Nr. 10 947

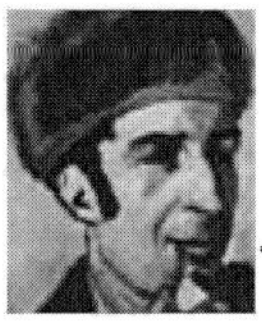

Wer war Franz Marc?

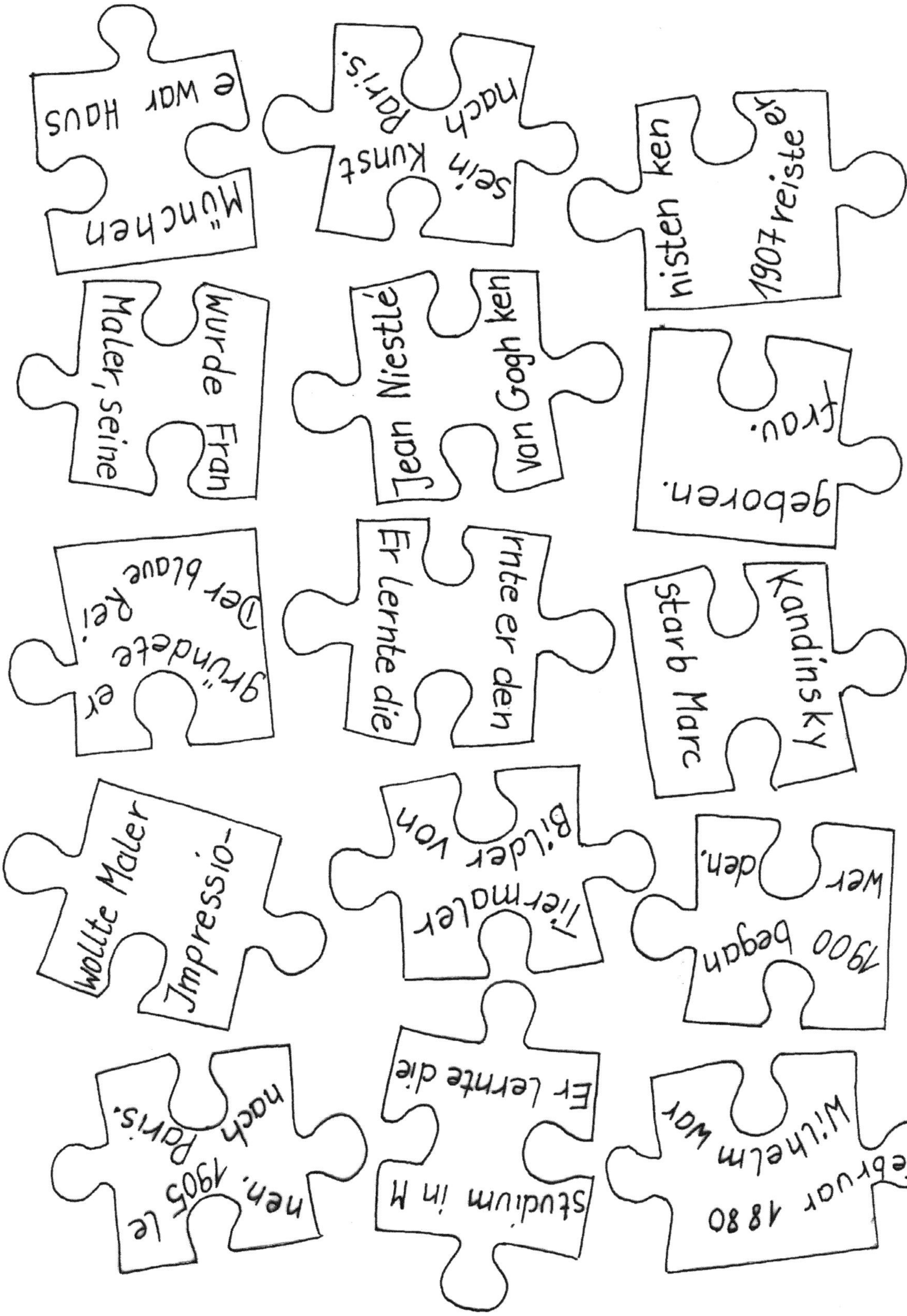

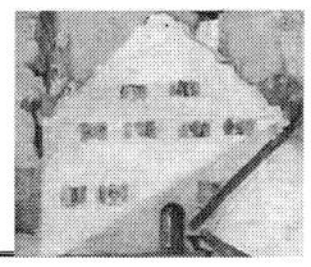

1903 unternahm Franz Marc seine erste Reise nach Paris. Nach seiner Rückkehr zog er sich mit seiner Frau nach Indersdorf zurück, um in Ruhe malen zu können. Er wohnte in einem Gästehaus, das er 1904 gemalt hat.

Aufgabe 1: *Sieh dir die beiden Ausschnitte aus einem Gemälde von Franz Marc genau an!*

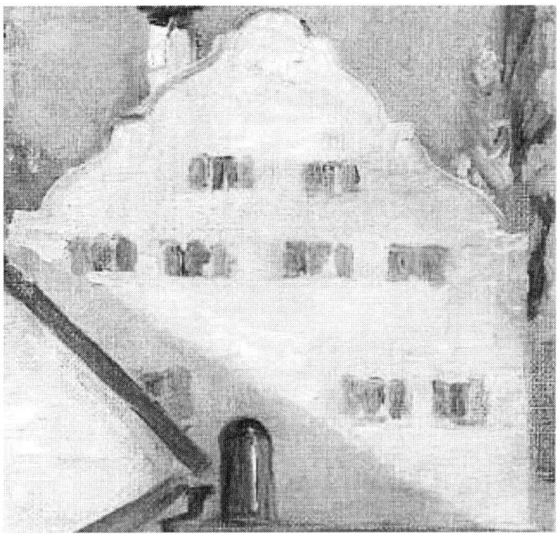

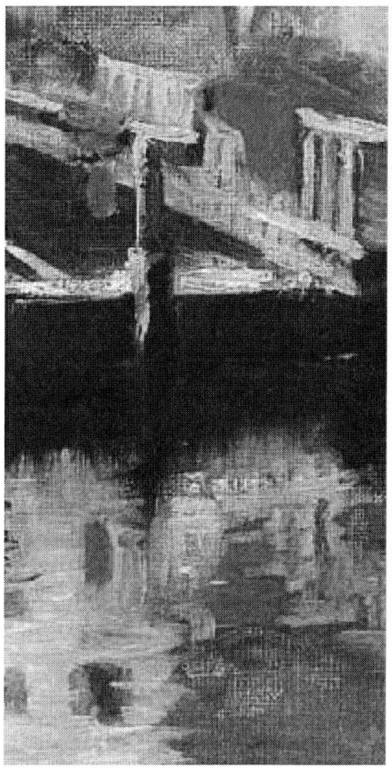

Aufgabe 2: *Schreibe deine Ideen auf, wie das ganze Gemälde aussehen könnte!*

So sieht das Gästehaus, das Franz Marc gemalt hat, heute aus:

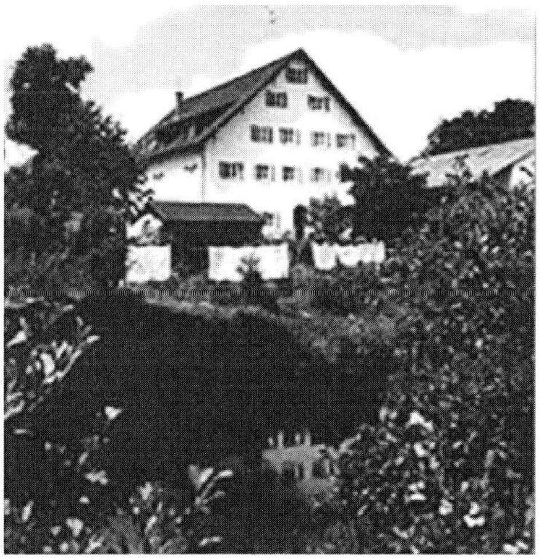

Aufgabe 3: *Vergleiche das Haus von Franz Marcs Gemälde mit dem Foto von dem Haus heute. Was ist gleich? Wo liegen Unterschiede?*

Aufgabe 4: *Wo liegt Indersdorf eigentlich? Schlage nach und schreibe auf!*

FRANZ MARC
Eine Kunstwerkstatt für 8- bis 12-Jährige – Bestell-Nr. 10 947
KOHL VERLAG

Eindrucksmalerei

Aufgabe 1: ▣ *Sieh dir das Farbbild Indersdorf (1904) von dem Gemälde von Franz Marc an!*
▣ *Suche die beiden Ausschnitte vom vorhergehenden Arbeitsblatt darin!*
▣ *Vergleiche deine notierte Idee, wie das Gemälde aussehen könnte, mit dem Farbbild!*

Als Franz Marc in Paris war, lernte er die *Impressionisten* kennen. Das Wort kommt von *Impression* und bedeutet Eindruck.

Die *Impressionisten* waren Maler, die im Freien malten und die Gegenstände so malten, wie sie im Licht zu der Tageszeit aussahen. Da sich das Licht schnell ändern kann, mussten sie auch schnell malen. Darum trugen sie die Farben mit groben Pinselstrichen auf die Leinwand auf.

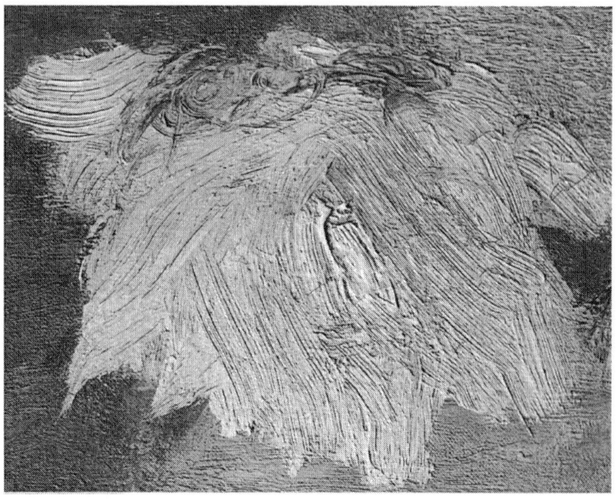

Aufgabe 2: ▣ *Sieh dir das Farbbild von Marcs Gemälde Indersdorf noch einmal an!*
▣ *Kreuze die Sätze an, die nach deiner Meinung auf das Bild zutreffen!*

- ☐ Das Bild ist mit breiten, flüchtigen Pinselstrichen gemalt.
- ☐ Marc hat keine Linien um die Gegenstände gemalt.
- ☐ Er hat versucht, wie die Impressionisten zu malen.
- ☐ Die Wäschestücke sind nur als Farbflächen dargestellt.
- ☐ Im Wasser des Teichs spiegeln sich keine Gegenstände.
- ☐ Marc hat versucht, die glitzernde Wasseroberfläche zu malen.
- ☐ An dem Gästehaus sind Beete angelegt.
- ☐ Marc hat viel Rot für das Bild benutzt.
- ☐ Das Bild ist überwiegend in hellbraunen und hellgrauen Farben gemalt.
- ☐ Neben dem Gästehaus befinden sich Scheunen.

Aufgabe 3: *Finde selbst noch mindestens fünf passende Sätze zu dem Farbbild Indersdorf!*

____

____

____

Spiegelungen

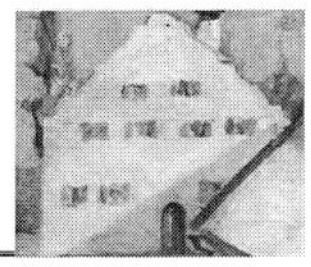

Franz Marc hat die Spiegelungen der Gebäude und Wäschestücke im Wasser farbig gemalt. Spiegeln sich Gegenstände wirklich farbig im Wasser?

Aufgabe 1: *Probiere es aus. Nimm eine Schüssel mit Wasser und halte verschiedene farbige Gegenstände aus größerer Höhe darüber! Notiere!*

Aufgabe 2: *Die Häuser stehen am Ufer eines Flusses. Male die Häuser an. Male ihre Spiegelungen im Wasser. (Achtung: Im Wasser spiegeln sich die Häuser unklar und sie stehen auf dem Kopf!)*

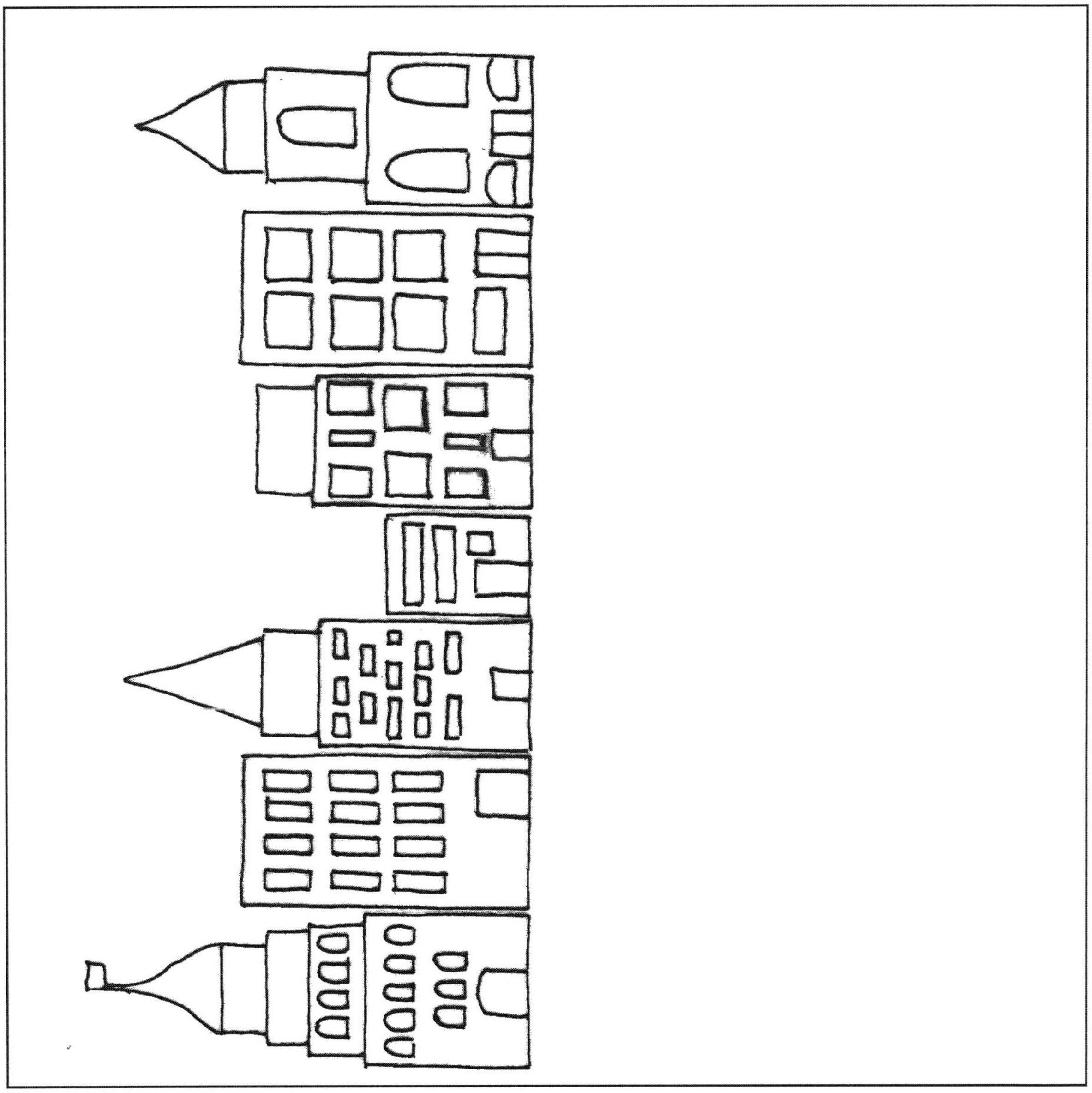

KOHL VERLAG
FRANZ MARC
Eine Kunstwerkstatt für 8- bis 12-Jährige – Bestell-Nr. 10 947

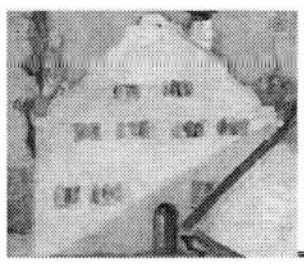

Bildfortsetzung

Franz Marc hat nur einen Ausschnitt von den Gebäuden und dem Teich gemalt. Kannst du dir vorstellen, was er noch von dem Teich oder welche Gebäude er noch gemalt hätte, wenn er eine größere Leinwand genommen hätte?

Aufgabe: *Male das Bild in den Farben von Franz Marc an! Male das Bild weiter! Achte darauf, dass sich das Dazugemalte möglichst wenig von dem eigentlichen Bild unterscheidet!*

Einzelheiten

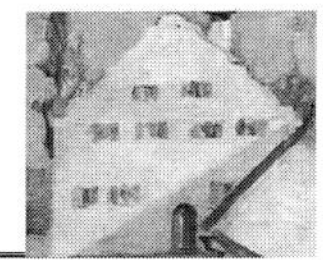

Du hast jetzt schon viel mit dem Gemälde Indersdorf von Franz Marc gearbeitet. Kennst du es genau?

Aufgabe 1:

- *Sieh dir das Farbbild noch einmal genau für einige Minuten an und präge dir die Einzelheiten ein!*
- *Lege das Farbbild mit der bedruckten Seite nach unten auf den Tisch!*
- *Beantworte die Fragen in vollständigen Sätzen, ohne das Farbbild anzusehen!*
- *Drehe das Farbbild dann um und vergleiche mit deinen Antworten!*

1. Welche Farben haben die Wäschestücke?

____

2. Ein Gartenbeet ist grün. Stimmt die Behauptung?

____

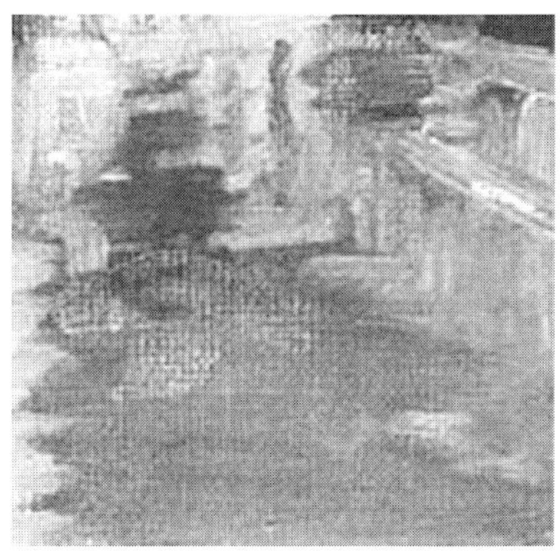

3. Male den Ausschnitt in Marcs Farben an.

4. Welche Farbe hat das Geländer, über dem die Wäschestücke hängen?

____

5. Hat das Haus 6, 8, 9 oder 10 Fenster?

____

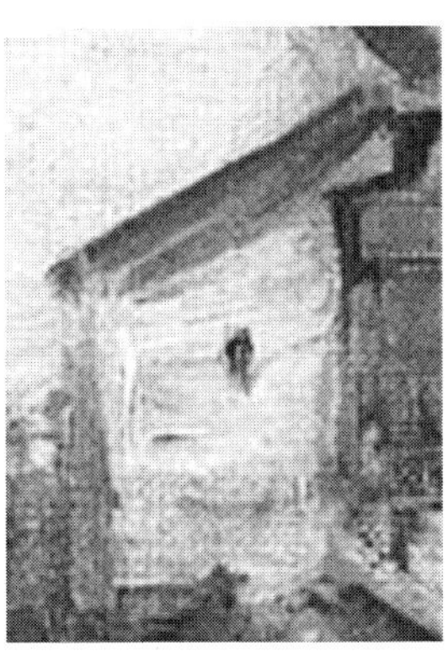

6. Welche Farbe hat das Dach des Schuppens?

____

Male ihn an!

7. Wie viele Bäume stehen hinter dem Gästehaus?

____

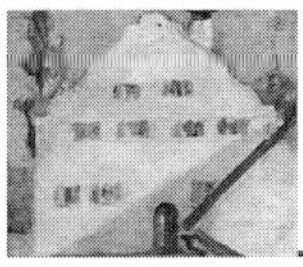

Einzelheiten

8. Führt ein Holzsteg in den Teich?

9. Auf welcher Seite befindet sich der Schornstein des Gästehauses aus der Sicht des Betrachters?

10. Welche Farben hat der Ausschnitt des Bildes?

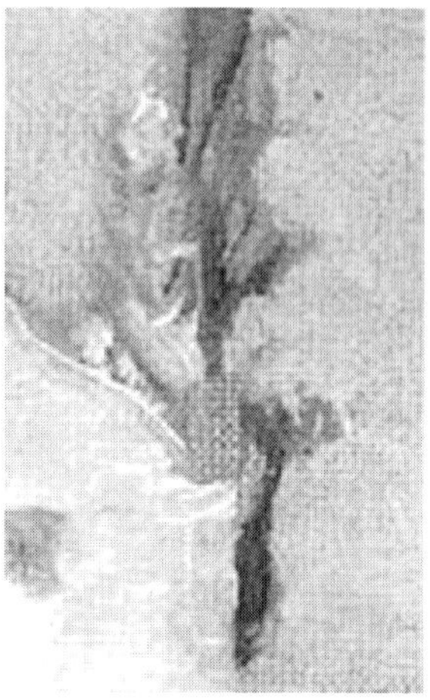

Male ihn an!

11. Wie viele Holzpfähle halten die Wand zum Teich?

12. Die Dächer der Scheunen sind dunkelbraun.
Ist diese Behauptung richtig?

13. Ist die Haustür offen oder geschlossen?

Aufgabe 2: *Zeichne eine grobe Skizze von dem Bild aus deiner Erinnerung in den Rahmen!*

Augenbild

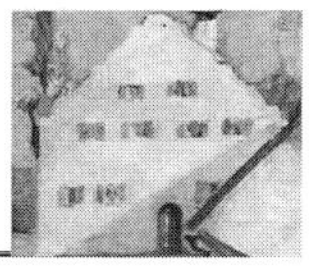

Das Bild hat der Künstler *M.C. Escher* gemalt. In dem Auge kannst du sehen, was der Mensch, zu dem das Auge gehört, sich gerade ansieht.

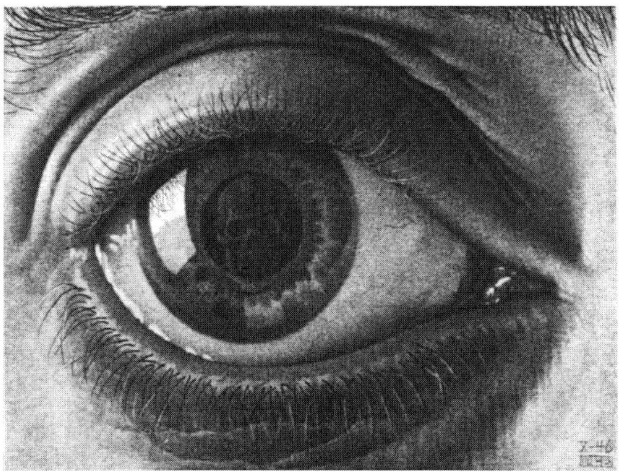

Aufgabe 1: *Sieh dir das Bild genau an und notiere, was das Auge gerade sieht!*

____

____

____

Als Franz Marc sein Bild *Indersdorf* malte, sah er auf dem Steg über dem Teich rechts im Bild etwas. Was kann das gewesen sein?

Aufgabe 2: *Zeichne das, was Franz Marc gesehen hat, in das Auge!*

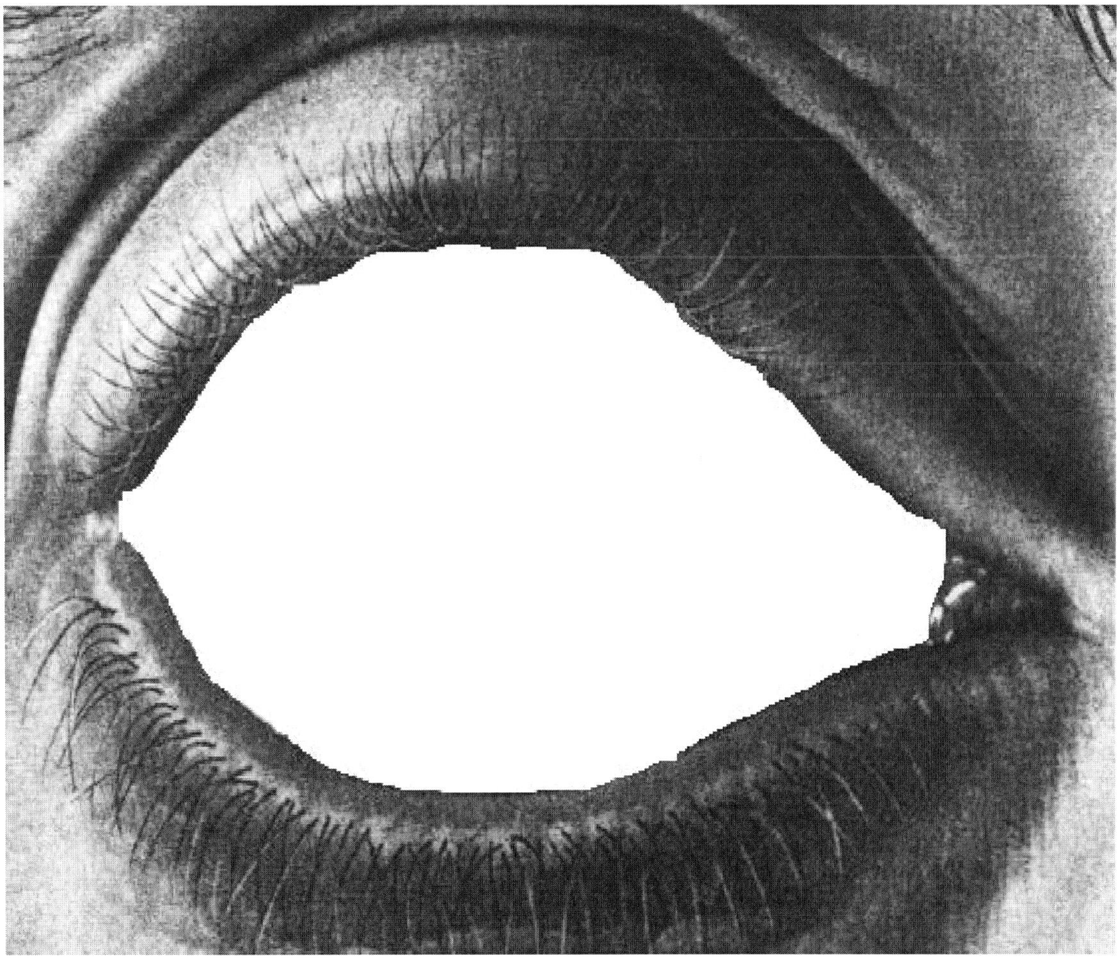

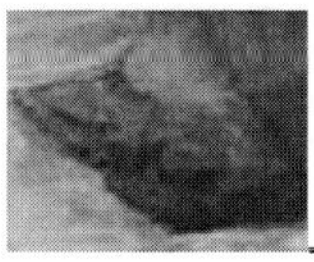

Tote Vögel

1905 lernte Franz Marc den berühmten Tiermaler Jean Bloé Niestlé (1884 – 1942) kennen. Dem Tiermaler ging es nicht darum, Tiere einfach abzumalen. Er wollte sich in die Tiere hinein versetzen und die Tiere so malen, wie sie sich fühlen.

Franz Marc hatte früher schon einmal Tiere gemalt. So wie Jean Bloé Niestlé die Tiere sah, gefiel es Marc und so versuchte er 1905 sein erstes Tierbild *Der tote Spatz.*

Fast 400 Jahre vor Franz Marc hat der berühmte Maler *Albrecht Dürer* ein Bild von einer *Toten Blaurake* gemalt.

Aufgaben:
- *Vergleiche die Farbbilder von den beiden Gemälden miteinander!*
- *Notiere Unterschiede und Gemeinsamkeiten in ganzen Sätzen!*

	Der tote Spatz	Tote Blaurake
Welche Farben hat der Künstler für den Vogel gewählt?		
In welcher Stellung hat der Künstler den toten Vogel gemalt?		
In welchen Pinselstrichen wurden die Farben aufgetragen?		
Wie genau hat der Künstler die Federn gemalt?		
Welches Gemälde ähnelt mehr einer Fotografie?		
Welchen Hintergrund hat der Künstler gewählt?		

Eselfries

1911 befasste sich Franz Marc mit der Kunst anderer Völker. Dazu besuchte er das Völkerkundemuseum in Berlin. Er nahm sich auch ausgestellte Kunstwerke als Vorbild. So auch den in Stein gehauenen Eselfries aus dem alten Ägypten. Franz Marc setzte ihn in ein Gemälde um und malte die Esel in blauer Farbe.

Aufgabe 1: *Warum hat Franz Marc die Esel in blauer Farbe gemalt und nicht in der eigentlichen grauen Farbe? Notiere deine Vermutungen!*

____

Aufgabe 2: *Vergleiche den altägyptischen Eselfries mit dem Gemälde von Franz Marc genau! Was fällt dir auf?*

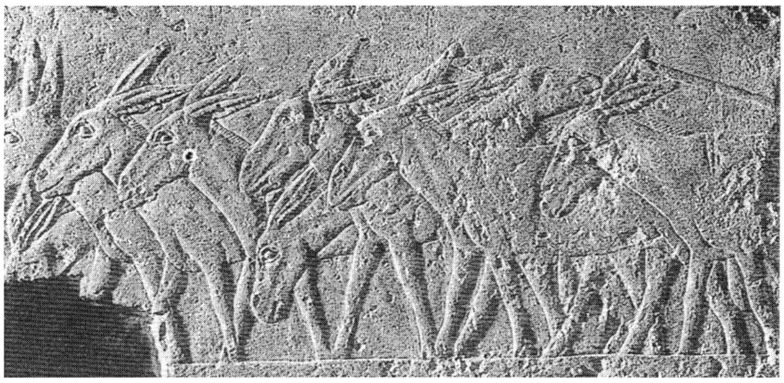

Aufgabe 3: *Male die Esel von Franz Marc blau an!*

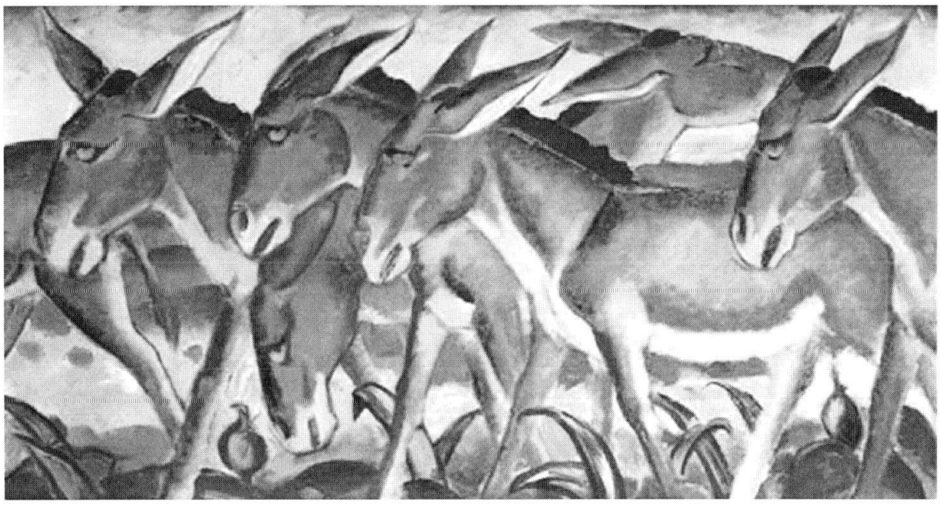

Aufgabe 4: *Stelle selbst einen Tierfries her!*

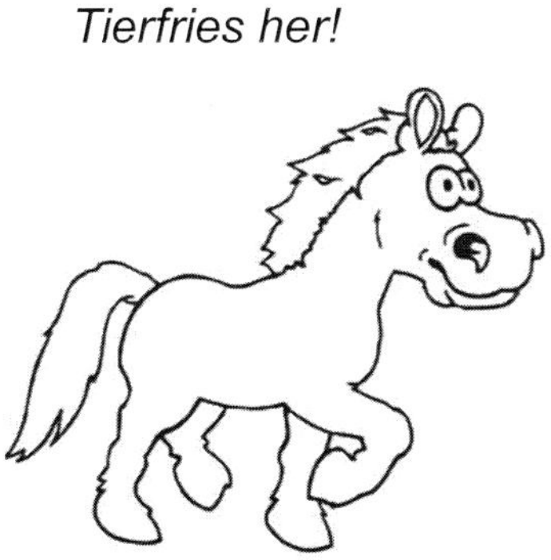

So geht es:

- Schneide das Pferd aus.
- Lege die Schablone auf ein Blatt Papier.
- Zeichne die Umrisse mit Bleistift nach.
- Verschiebe die Schablone. Wiederhole Schritt 3.
- Wenn der Fries lang genug ist, kannst du die Pferde anmalen.

FRANZ MARC
Eine Kunstwerkstatt für 8- bis 12-Jährige – Bestell-Nr. 10 947
KOHL VERLAG

Tierverständnis

1910 verfasste Franz Marc einen Text *Über das Tier in der Kunst.*

Darin befasst er sich mit den Fragen:

- Wie sieht ein Tier die Welt oder ein anderes Tier?
- Sieht es die Welt und andere Tiere in den Farben, in denen wir sie auch sehen?
- Sehen die Tiere die Formen in der Welt so wie wir Menschen sie sehen?

Franz Marc hat gelbe Kühe und lilafarbige Füchse gemalt. Für uns Menschen ist ein Fuchs rot. Sehen andere Tiere den Fuchs vielleicht gelb, grün oder lilafarbig? Sehen die Tiere das Gras vielleicht blau oder rot?

Aufgabe: *In welcher Farbe könnte ein anderes Tier das Pferd gesehen haben?*
In welchen Farben kann das Pferd die Landschaft gesehen haben?
Male das Bild in Farben aus der Sicht der Tiere aus!

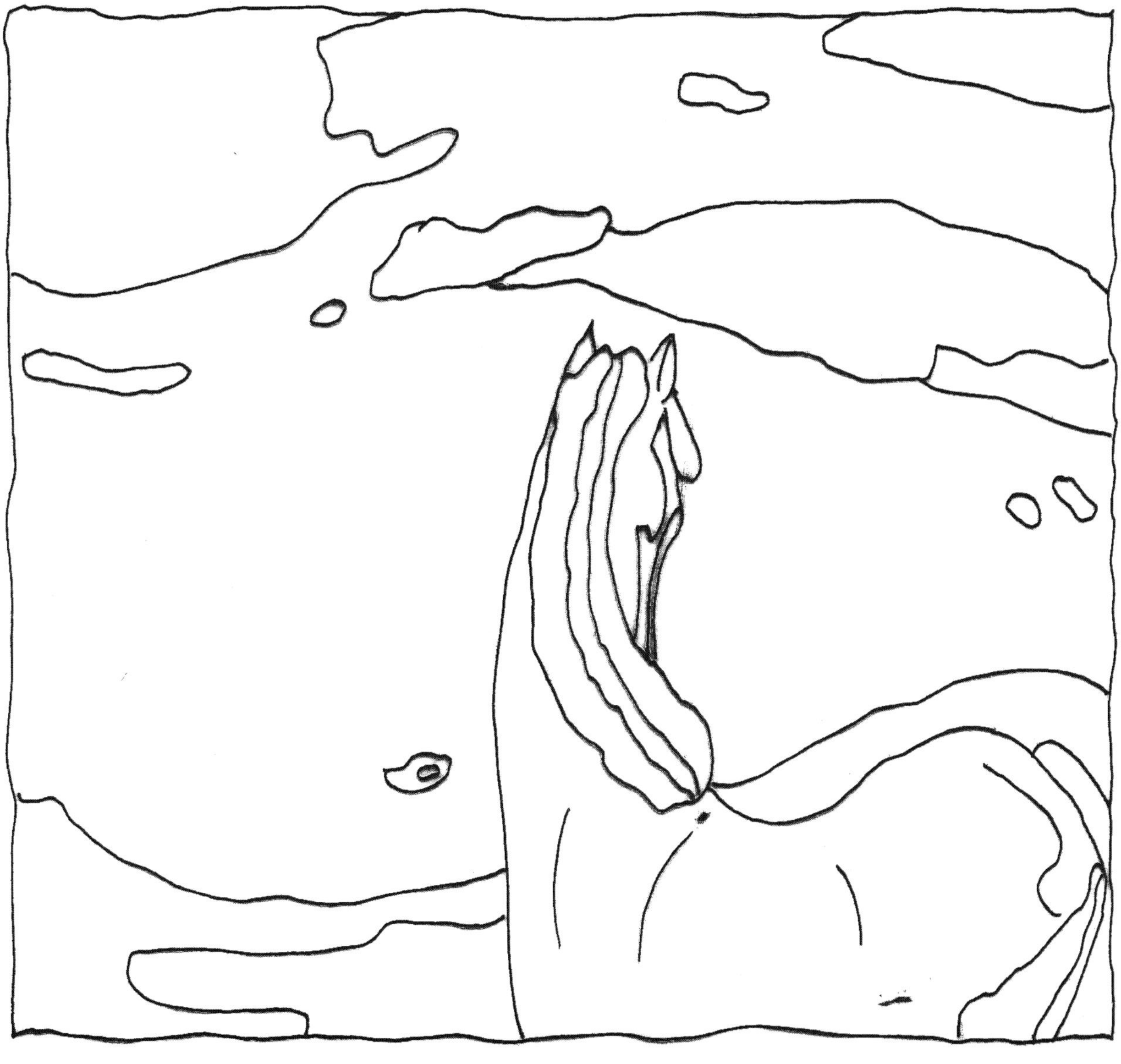

Bilddiktat

Franz Marc hat das Bild mit den beiden Katzen 1912 gemalt.

Aufgabe 1: *Suche dir einen Partner, der dir das Bilddiktat vorliest! Du malst das Bild nach dem Bilddiktat aus. Beim zweiten Bild wechselt ihr die Rollen.*

Obere Katze: *grün*
Untere Katze: *gelb*
Ball: *blau*
Boden: *rot*
Haus: *lila*
Blattpflanze: *blau*
Feld über dem Ball: *rot*
Hintergrund: *grün* und *blau*

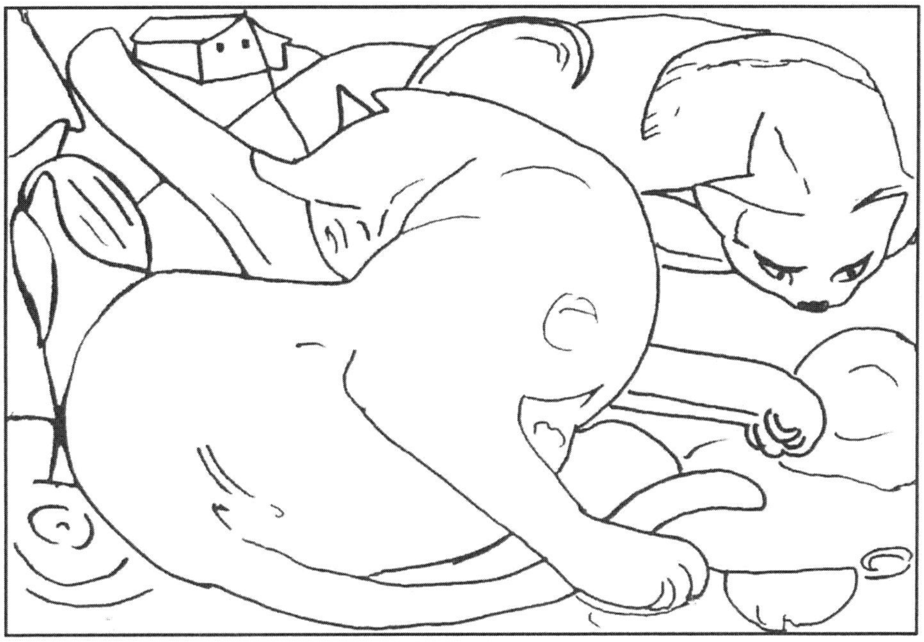

Obere Katze: *gelb*
Untere Katze: *blau*
Ball: *grün*
Boden: *rot*
Haus: *weiß*
Blattpflanze: *rot*
Feld über dem Ball: *hellblau*
Hintergrund: *grün und hellblau*

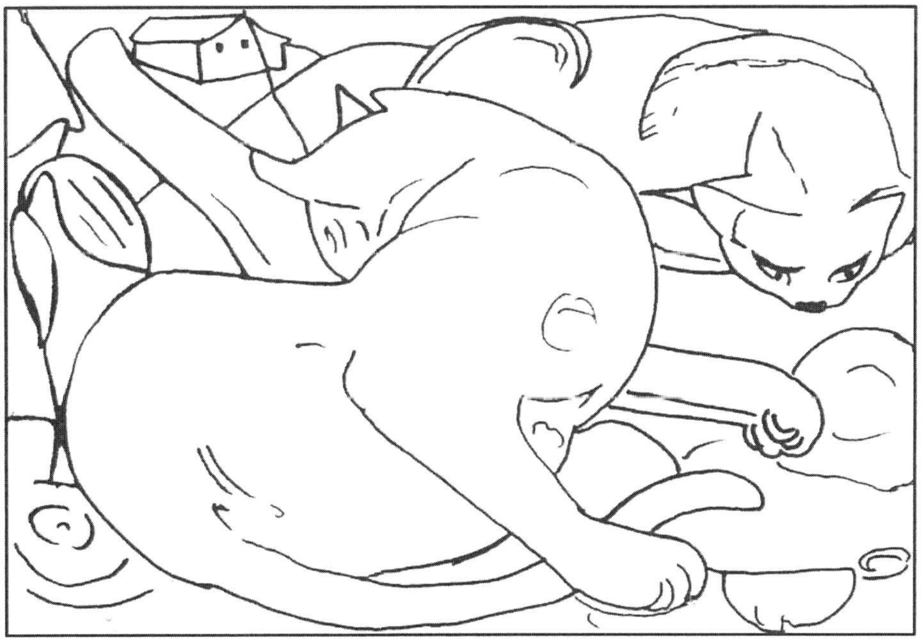

Aufgabe 2: *In welchen Farben hat Franz Marc wohl das Bild gemalt? Wie im ersten oder zweiten Bilddiktat? Schaut in den Lösungen nach!*

FRANZ MARC
Eine Kunstwerkstatt für 8- bis 12-Jährige – Bestell-Nr. 10 947
KOHL VERLAG

Suchtiere

Mit der Zeit wurden Tiere in Franz Marcs Bildern immer unwichtiger. Er konzentrierte sich mehr auf Formen und Farben. Doch Tiere ganz aus seinen Motiven weglassen mochte er nicht. Er glich die Tiere den Formen an, sodass man sie manchmal in den Motiven suchen muss.

Aufgabe: *Suche die Tiere in Franz Marcs Skizzen und Zeichnungen! Male sie an!*

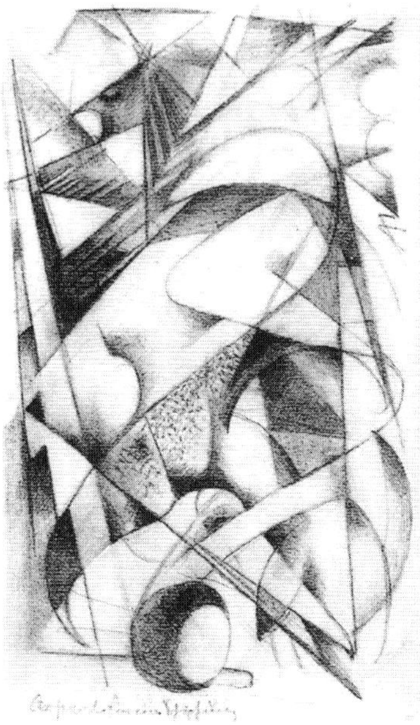

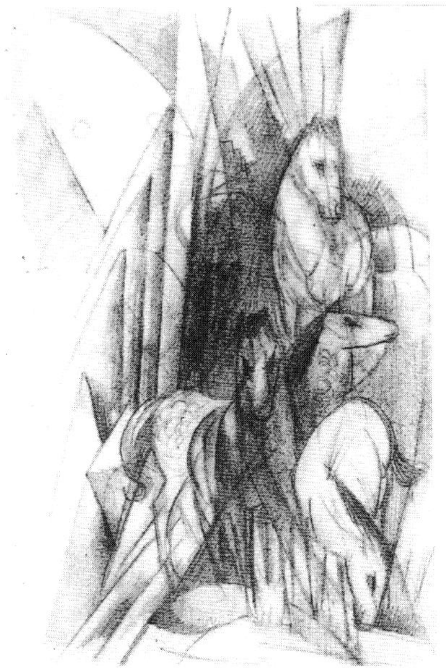

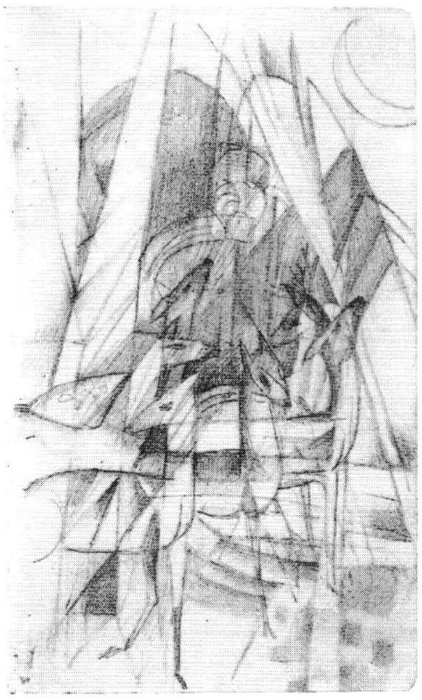

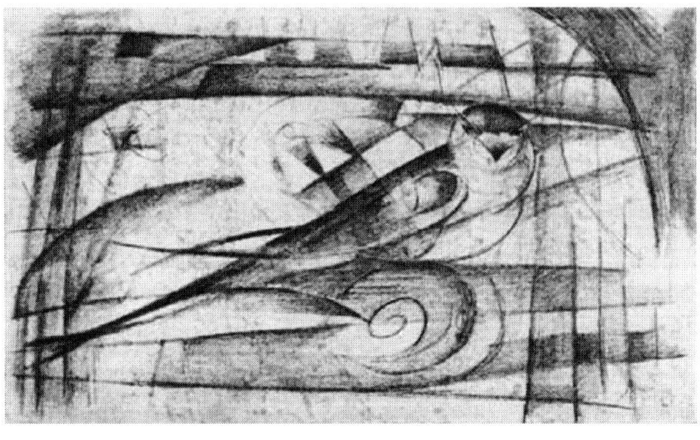

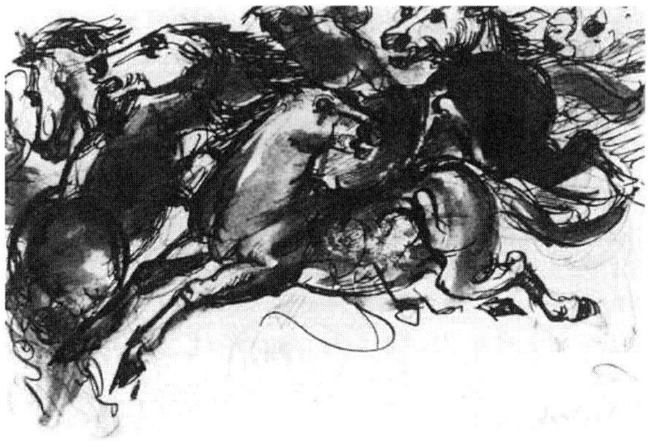

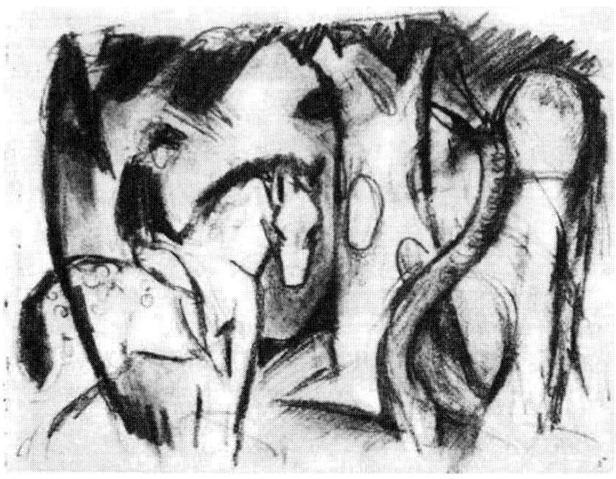

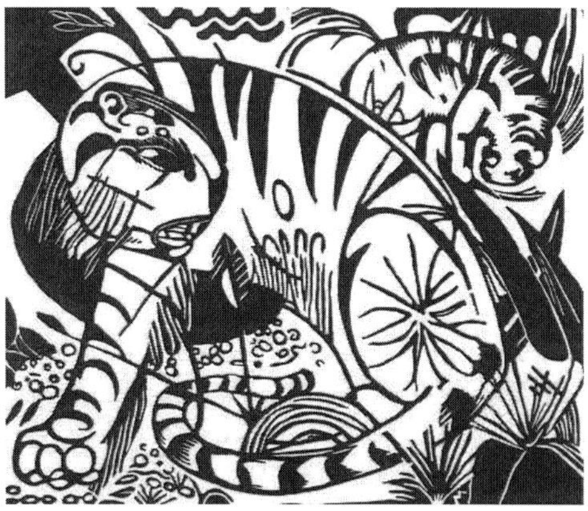

Suchbilder

Die Skizzen und Zeichnungen von Franz Marc erinnern an Suchbilder, die auch heute beliebte Rätsel sind.

Aufgabe 1: ▣ *Suche die Tiere in den Suchbildern und male sie an!*

▣ *Male anschließend selbst ein Suchbild auf ein Blatt!*

7 Kamele

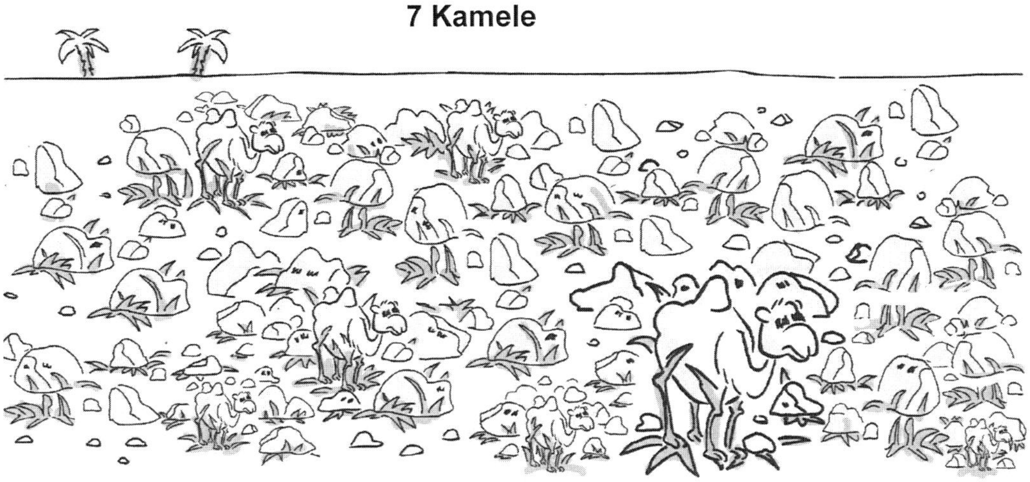

7 Tiere

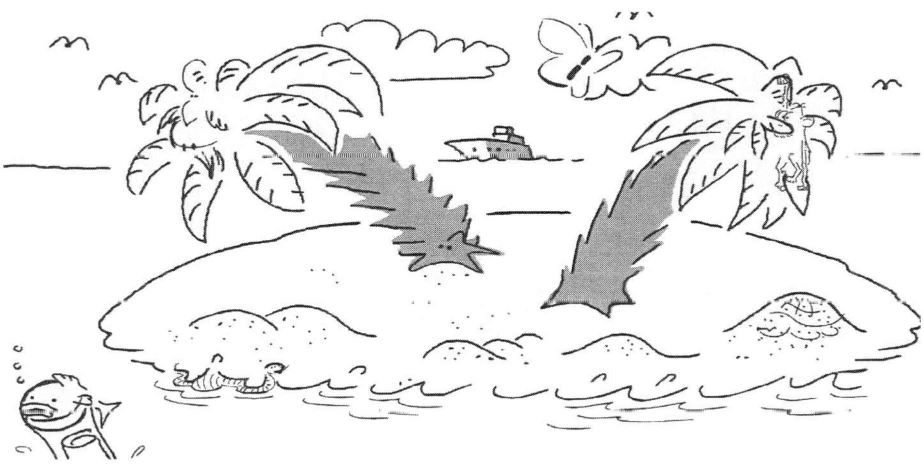

7 Fische

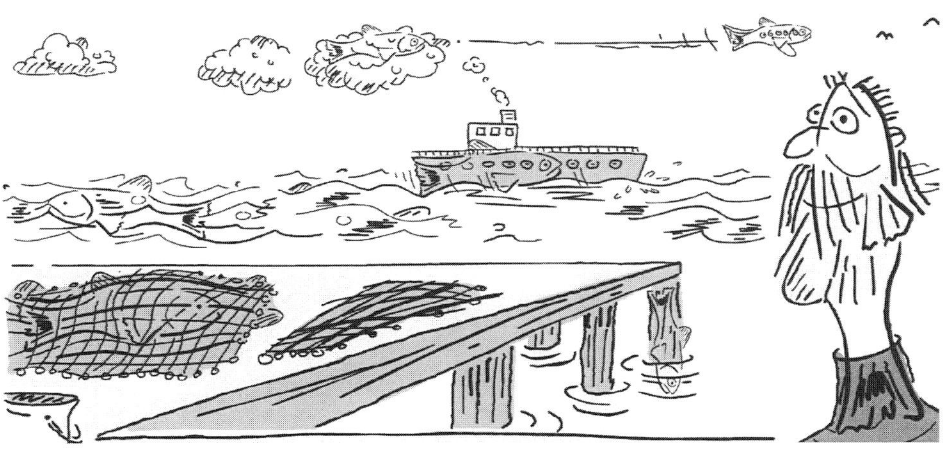

FRANZ MARC
Eine Kunstwerkstatt für 8- bis 12-Jährige – Bestell-Nr. 10 947
KOHL VERLAG

7 Tiere

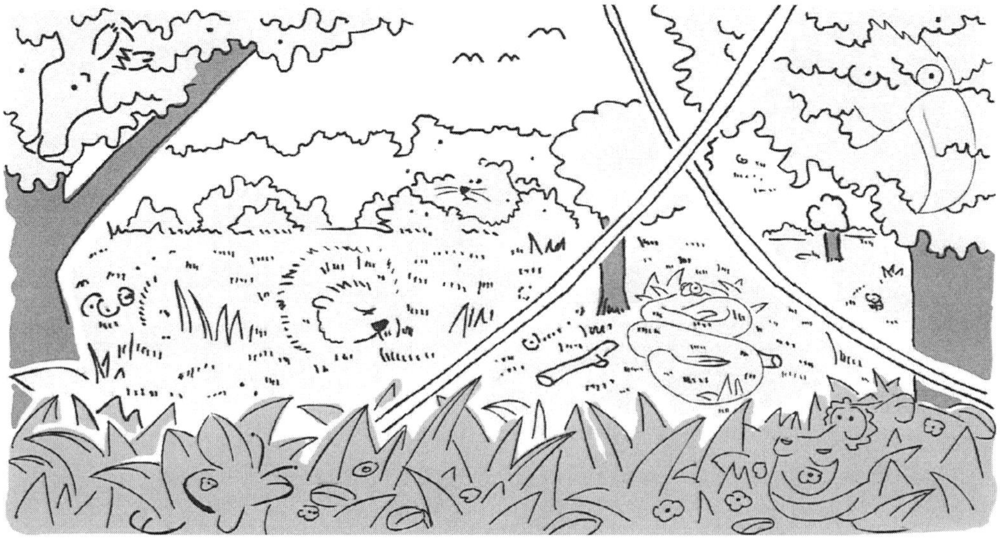

7 Esel

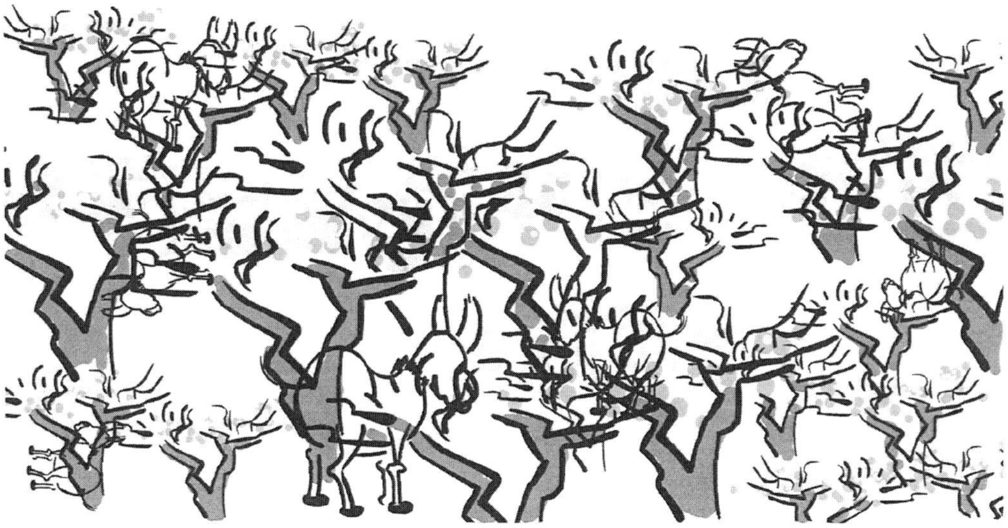

7 Schneckenhäuser

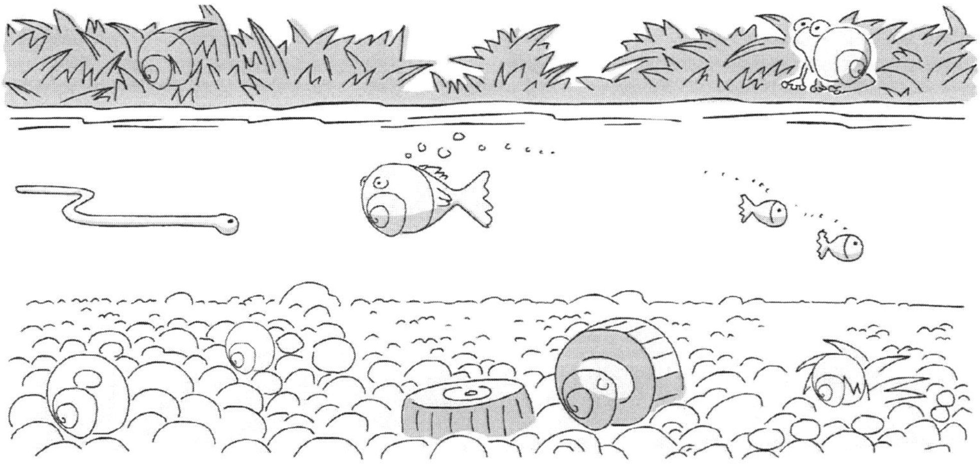

Lärchenbaum

1907 unternahm Franz Marc seine zweite Reise nach Paris. Er lernte Bilder von dem Maler *Vincent van Gogh* kennen. Vincent van Gogh malte mit kraftvollen Pinselstrichen und kräftigen Farben.

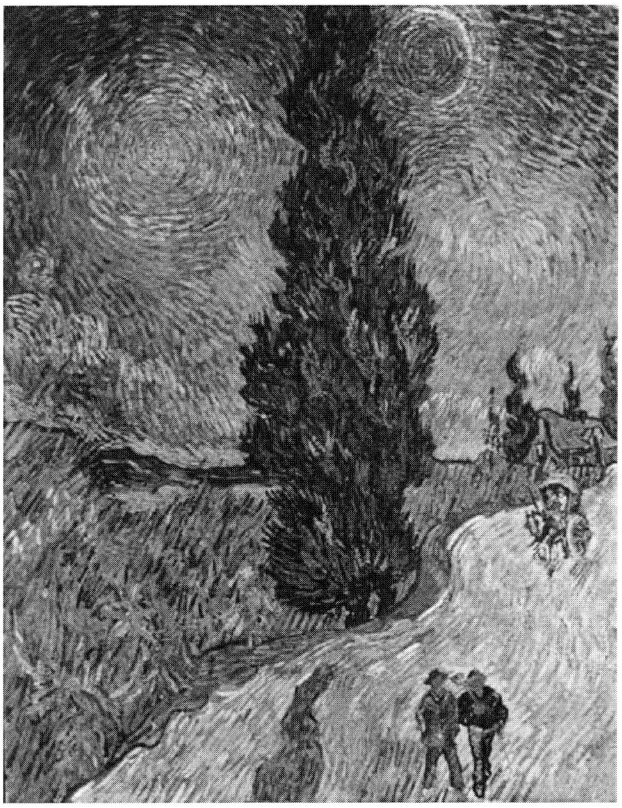

Und so malte Vincent van Gogh eine Landschaft mit Zypressen (sprich: Züpressen). Das sind Bäume, die Nadeln statt Blätter haben.

Mit der Art zu Malen war Vincent van Gogh ein Vorläufer einer Kunstrichtung, die man später *Expressionismus* nannte. Das Wort *Expression* bedeutet Ausdruck.

Später ordneten die Kunstexperten die Bilder von Franz Marc auch dem Expressionismus zu.

Diese Art, wie van Gogh malte, gefiel Franz Marc. Zu Hause malte er einen *Lärchenbaum*.

Aufgaben:

- *Vergleiche das Farbbild von Franz Marcs Gemälde Lärchenbaum mit dem Foto eines echten Lärchenbaums!*
- *Notiere Unterschiede und Gemeinsamkeiten in ganzen Sätzen!*

	Farbbild Lärchenbaum	Foto Lärchenbaum
Wie viele Grüntöne kannst du erkennen?		
Welche Farben kannst du außer Grün noch erkennen?		
Wie deutlich siehst du die einzelnen Nadeln?		
Welche Stellung haben die Nadeln?		
Welches Bild ist für dich interessanter und warum?		

FRANZ MARC
Eine Kunstwerkstatt für 8- bis 12-Jährige – Bestell-Nr. 10 947
KOHL VERLAG

Klecksblumenwiese

Aufgabe 1:

- *Decke den oberen Teil des Farbbildes von Franz Marcs Gemälde Lärchenbaum mit einem Blatt so ab, dass nur noch die Blumenwiese unten zu sehen ist!*
- *Welche Farben kannst du in der Blumenwiese erkennen? Male jedes Kästchen mit einer Farbe aus der Wiese aus! Benutze deinen Farbkasten!*
- *Schreibe den Namen der Farbe oder die Namen von gemischten Farben darunter!*

Aufgabe 2: *Die Blumen bestehen nur aus Farbklecksen. Male deine eigene Blumenwiese auf den Zeichenblock! Benutze die Farben aus deinen Kästchen oben!*

Riesenlärche

Aufgabe:

- *Schaue dir die Farben und den Malstil an dem Lärchenbaum von Franz Marc noch einmal genau an!*
- *Male die Lärche in den Farben und dem Malstil von Franz Marc an!*
- *Schneide die Lärche gründlich aus und klebe sie auf deine Blumenwiese auf deinem Zeichenblock!*

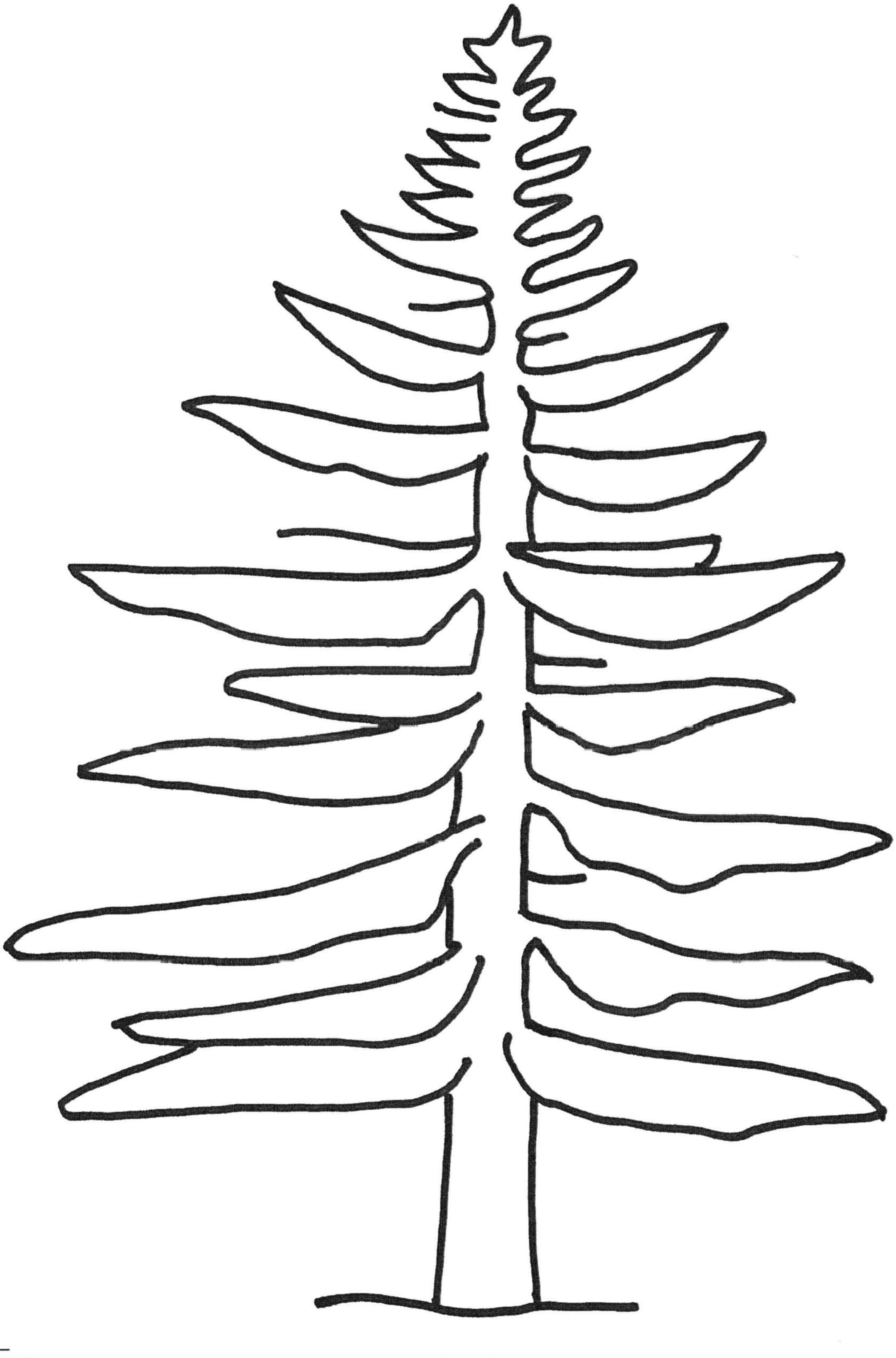

Ausstellung

Franz Marc konnte den Malstil Vincent van Goghs noch genauer studieren. Der *Kunsthändler Brakl* veranstaltete im Dezember 1909 eine Ausstellung mit Bildern von van Gogh. Franz Marc half beim Aufhängen der Bilder.

Im Februar 1910 veranstaltete der Kunsthändler eine Ausstellung für Franz Marc und seine Werke. Franz Marc selbst entwarf das Plakat für seine Ausstellung.

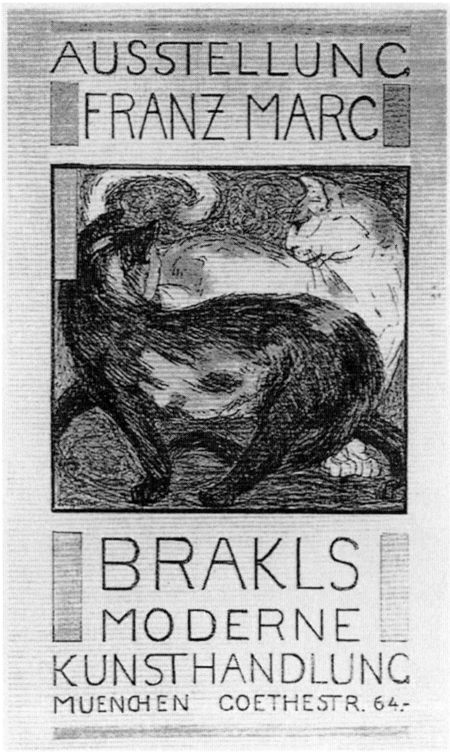

Aufgabe 1: *Sieh dir das Plakat genau an!*

Leider ist das Bild von dem Plakat in Grautönen abgebildet. Das kannst du ändern. Welche Farben hätte Franz Marc benutzt?

Aufgabe 2: *Male das Bild aus dem Plakat nach deiner Idee mit Deckfarben aus!*

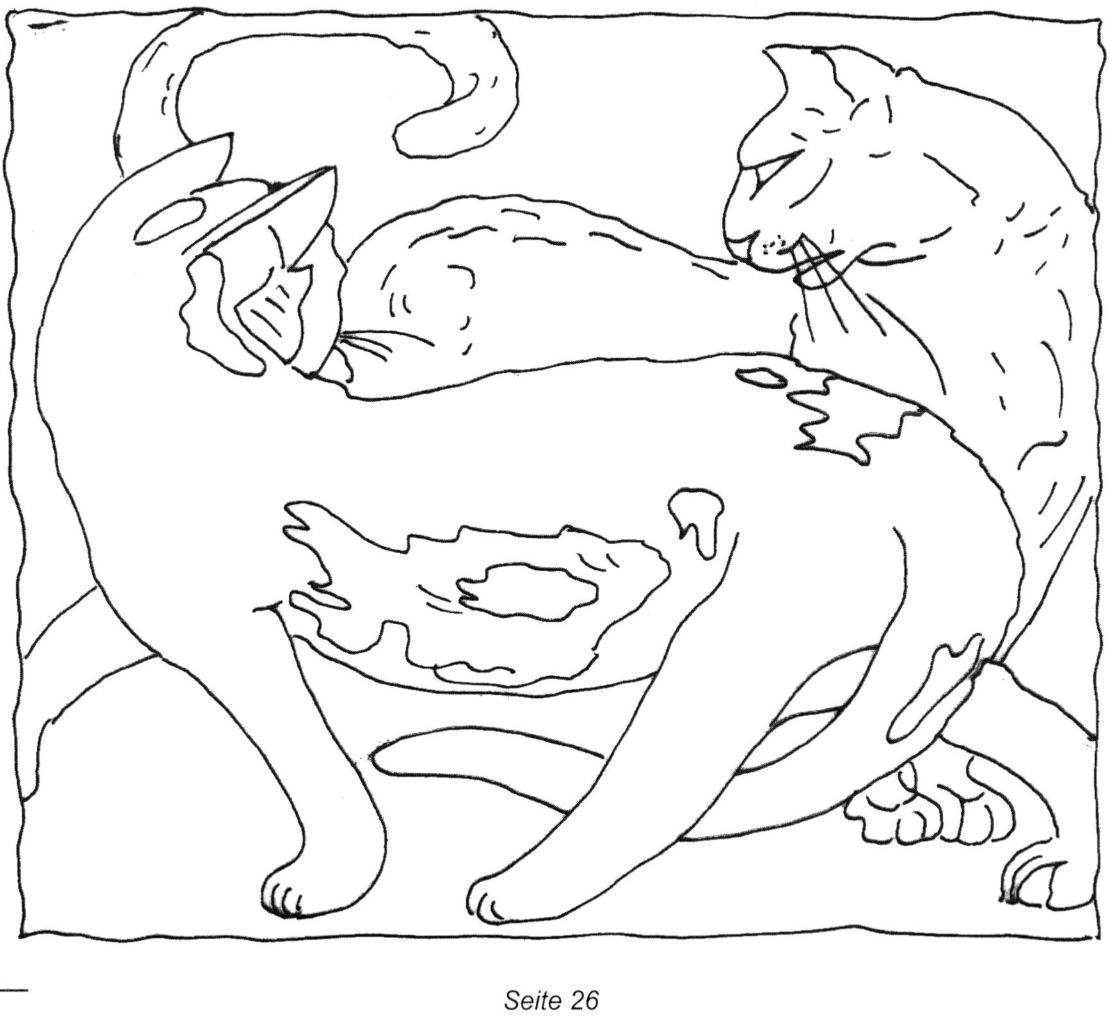

Katzenbilder

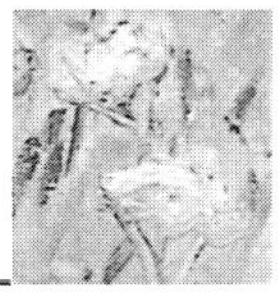

Franz Marc hat viele Bilder mit Katzen gemalt. Katzen waren bei Malern als Motive immer beliebt, aber auch auf Werbeplakaten. Sie warben für Schokolade oder Milch.

Aufgabe 1: *Sieh dir die Beispiele von Katzenbildern verschiedener Künstler an!*

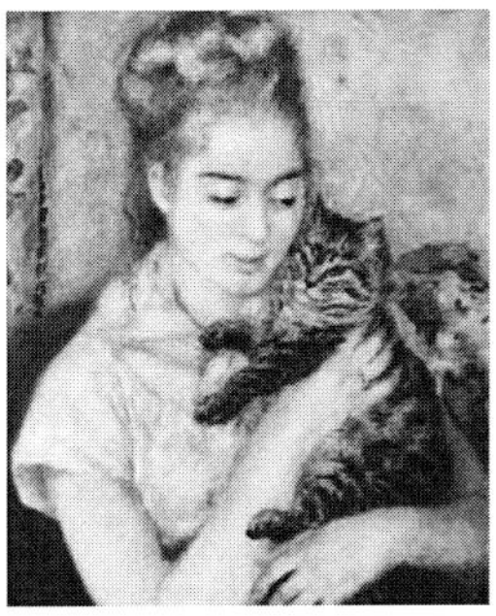
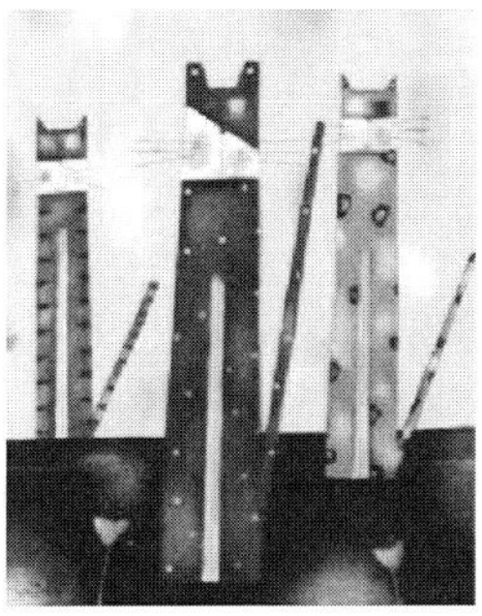
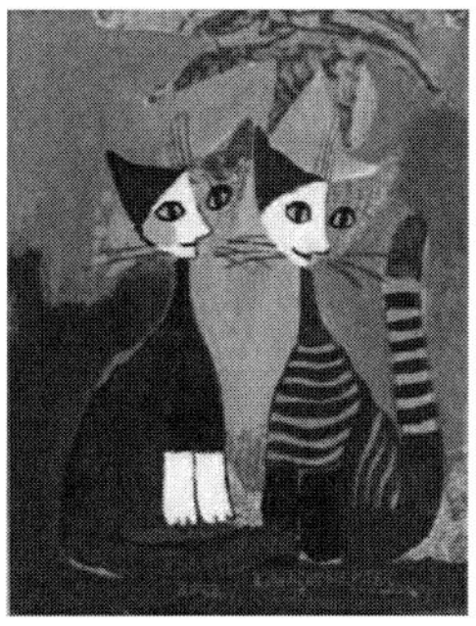
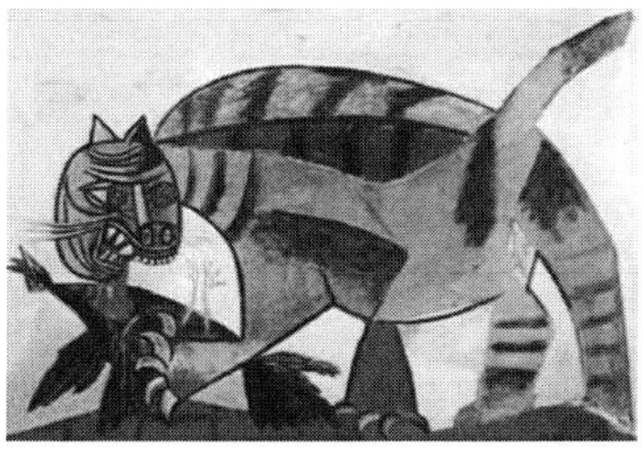

Ein Künstler hat ein Poster mit witzigen Katzen gezeichnet mit dem Titel *Einhundert Katzen und eine Maus.*

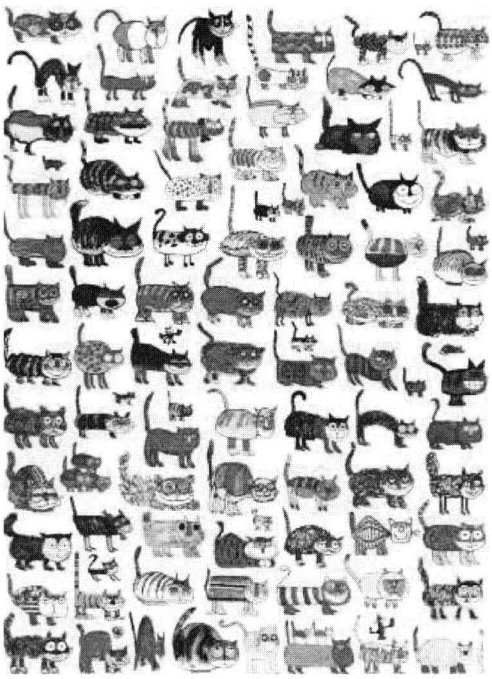

Aufgabe 2: *Sieh dir das Poster an und male witzige Katzen mit Filzstiften nach deinen Ideen in die Rahmen!*

FRANZ MARC
Eine Kunstwerkstatt für 8- bis 12-Jährige – Bestell-Nr. 10 947
KOHL VERLAG

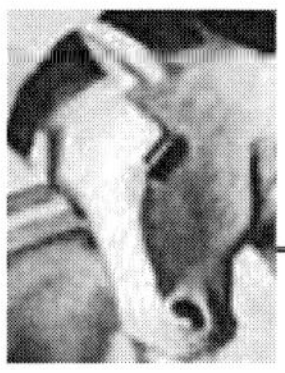

Farbzuordnungen

Franz Marc beschäftigte sich mit den Farben des Farbkreises und diskutierte über Farben mit seinen Künstlerkollegen.

Die inneren Farben des Farbkreises kann man nicht durch Farbmischungen erreichen. Man nennt sie *Primärfarben.*

Die nächsten drei Farben sind Mischfarben aus den ersten Farben. Man nennt sie *Sekundärfarben.*

Die Primär- und Sekundärfarben waren Franz Marcs Lieblingsfarben.

Aufgabe 1: *Stelle einen Farbkreis her! Male die Felder in den angegebenen Farben mit Deckfarben aus!*

1 = blau

2 = rot

3 = gelb

4 = blau + rot = lila

5 = gelb + rot = orange

6 = gelb + blau = grün

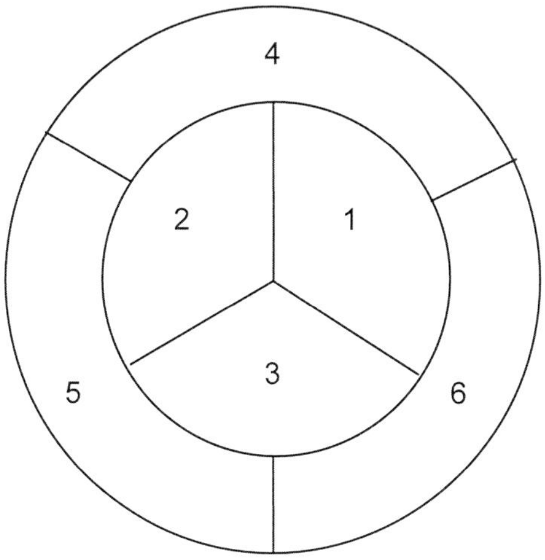

Franz Marc schrieb in einem Brief an seinen Freund und Künstlerkollegen August Macke, was die Farben für ihn darstellten:

Das *Blau* ist männlich, streng, rau, ruhig, selbstbewusst. Das *Gelb* ist weiblich, sanft, freundlich, freudig. Das *Rot* ist brutal, schwer, erdig, aufregend, feurig.

1911 malte Franz Marc eines seiner bekanntesten Gemälde *Blaues Pferd I.*

Aufgabe 2:
- *Sieh dir das Farbbild von Franz Marcs Gemälde Blaues Pferd I an!*
- *Vergleiche die Farben mit dem Farbkreis!*
- *Notiere, welche Farben Franz Marc aus dem Farbkreis benutzt hat!*

Farbzuordnungen

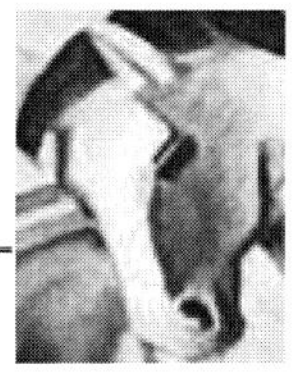

Aufgabe 3: *Beantworte die folgenden Fragen in vollständigen Sätzen!*

a) Warum hat Franz Marc das Pferd in blauer Farbe gemalt?

____

____

b) Woran erkennt man, dass das Pferd in einer lebendigen Landschaft steht?

____

____

c) Wie wirken die Farben des Hintergrundes nach Marcs Farbzuordnung?

____

____

Aufgabe 4: *Welche Eigenschaften würdest du Marcs Lieblingsfarben zuordnen? Schreibe auf! (TIPP: Benutze ein Wörterbuch, damit du viele passenden Eigenschaftswörter findest.)*

Blau: ____

____

____

Gelb: ____

____

____

Rot: ____

____

____

KOHL VERLAG
FRANZ MARC
Eine Kunstwerkstatt für 8- bis 12-Jährige – Bestell-Nr. 10 947

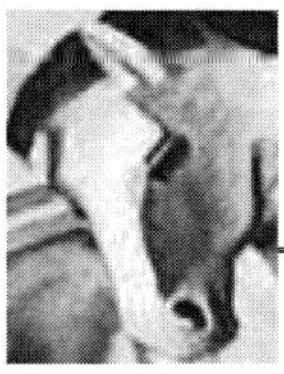

Farbzuordnungen

Du hast gelesen, was die Farben für Franz Marc darstellten. Wenn du das Bild mit anderen Farben ausmalst, veränderst du damit auch die Farbzuordnung von Franz Marc. Ein gelbes Pferd wäre demnach weiblich und sanft und eine rote Landschaft erdig und aufregend.

Aufgabe 5: ▣ *Male das Bild von Franz Marc in anderen Farben aus!*

▣ *Erkläre deine Farben. Benutze die Farbzuordnung von Franz Marc!*

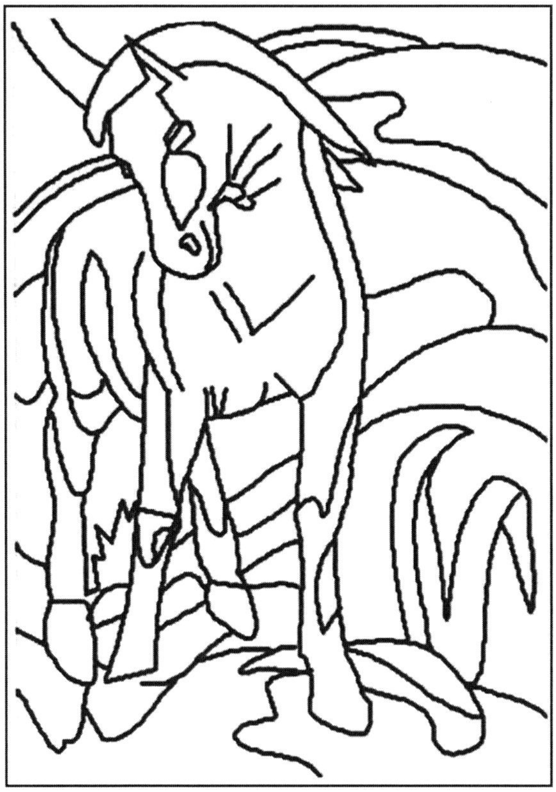

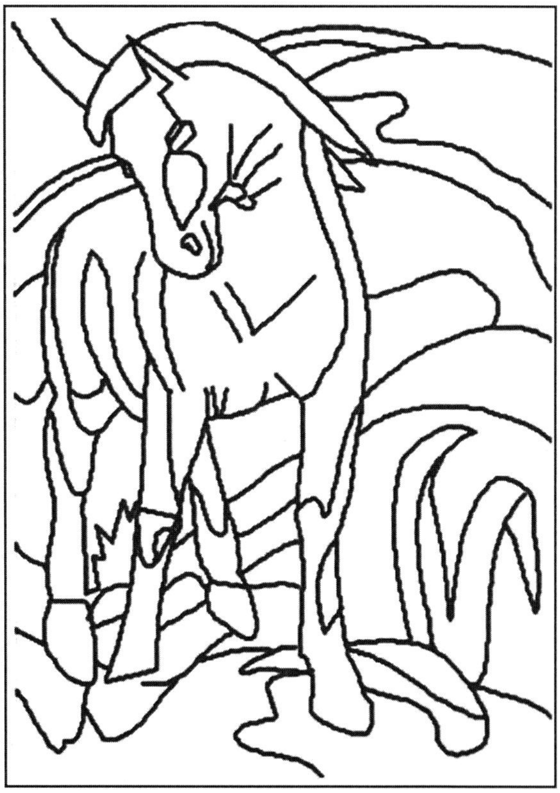

Der Blaue Reiter

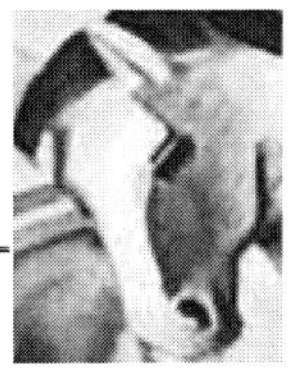

1911 gründeten Franz Marc und der russische Maler Wassily Kandinsky eine Künstlervereinigung. Sie nannten sie *Der Blaue Reiter.*

Sie hatten sich auf diesen Namen geeinigt, weil ...

- ... beide die Farbe Blau als Lieblingsfarbe hatten.
- ... Franz Marc Pferde liebte.
- ... Wassily Kandinsky Hobbyreiter war und seine Geburtsstadt Moskau den Heiligen Georg mit blauem Umhang als Drachentöter darstellte.

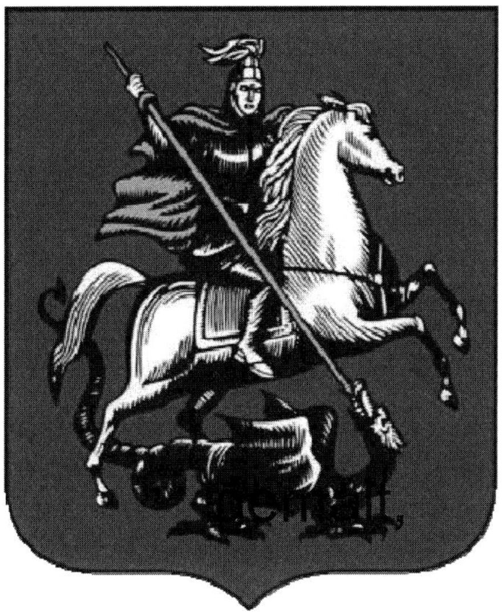

Auch Wassily Kandinsky hat viele Pferde in seinen Bildern gemalt, aber meistens mit einem Reiter.

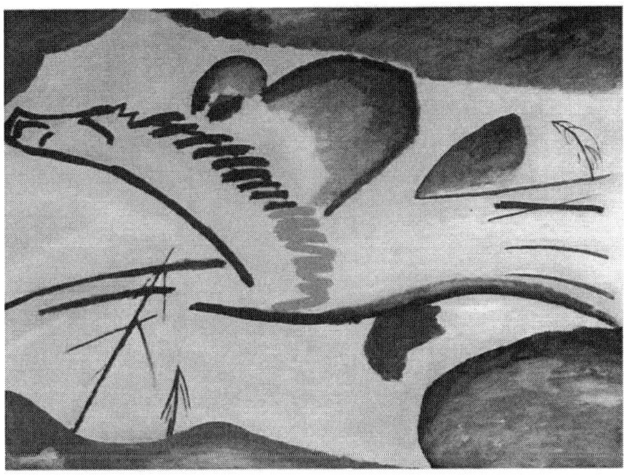

Aufgaben:

- *Vergleiche das Gemälde* Lyrisches *von Wassily Kandinsky mit dem Gemälde* Blaues Pferd I *von Franz Marc!*
- *Notiere, was du bei dem Vergleich feststellst!*

	Lyrisches	Blaues Pferd I
In welcher Bewegung hat der Künstler das Pferd dargestellt?		
Welches Pferd strahlt Kraft aus?		
Welches Pferd ist mit nur sparsamen Linien gemalt?		
Welches Gemälde ähnelt mehr einer Fotografie?		
Welchen Hintergrund hat der Künstler gewählt?		

KOHL VERLAG Lernen mit Erfolg
FRANZ MARC
Eine Kunstwerkstatt für 8- bis 12-Jährige – Bestell-Nr. 10 947

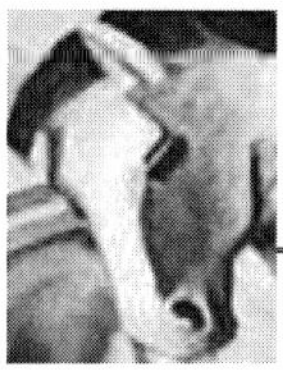

Die blaue Farbe

Franz Marcs und Wassily Kandinskys Lieblingsfarbe Blau gilt als die Farbe des Himmels und des Wassers. Sie war die Farbe der Himmelsgötter und des Lebens. Sie galt aber auch als Teufelsfarbe.

Vor 200 Jahren war eine blaue Blume das Symbol für Sehnsucht, für die Liebe, für eine geliebte Person, für die Suche nach dem Glück.

Aufgabe 1: *Lies den Text zu dem Volkslied und setze die fehlenden Reime aus der Wörterliste ein.*

Wenn hell die gold'ne Sonne lacht,
muss in die Welt ich ____________________,
denn irgendwo muss voller ____________________
die blaue Blume blüh'n.

So wand're ich landauf, landab,
such dieses Blümelein,
und erst wenn ich's gefunden ______________,
stell ich das Wandern ____________________.

Im Wald die kleinen Vögelein,
hab' ich umsonst ________________:
Wo find' ich dieses ____________________?
Man hat mir's nicht gesagt.

Ich such's auf weiter grüner ______________
und werde nicht mehr froh.
Das einzig schöne Blümlein blau,
es blüht doch ____________________!

Und lacht mir einst das große ______________
im Auge einer Maid.
Leb' wohl mein Schatz, ich kehr' zurück,
noch hab ich keine ________________.

Wenn hell die gold'ne Sonne ____________________,
muss in die Welt ich zieh'n,
denn irgendwo muss voller Pracht
die blaue Blume ______________."

zieh'n
Au
Glück
lacht
Pracht
hab'
blüh'n
Zeit
irgendwo
ein
gefragt
Blümelein

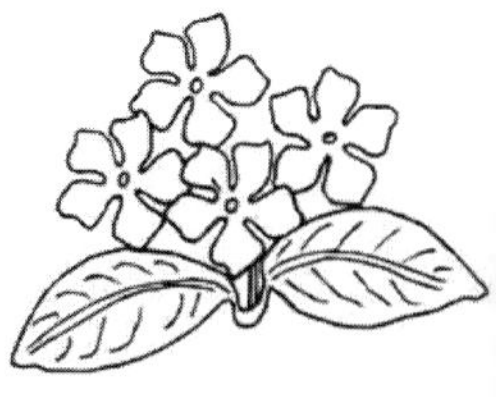

Die blaue Farbe

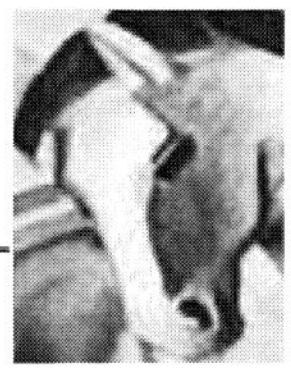

Aufgabe 2: *Schreibe Haikus über die blaue Blume! Ein Haiku (japanisches Gedicht) hat 5 Silben in der 1. Reihe, 7 Silben in der 2. Reihe und 5 Silben in der 3. Reihe. Ein Haiku reimt sich nicht.*

Die blaue Blume ______________________ *(5 Silben)*

Wanderer zieht in die Welt ______________________ *(7 Silben)*

Suche nach dem Glück. ______________________ *(5 Silben)*

______________________ ______________________

______________________ ______________________

______________________ ______________________

Aufgabe 3: *Es gibt viele Blautöne. Wenn du Deckweiß in Blau mischst, bekommst du Hellblau.*

- *Mische möglichst viele verschiedene Blautöne in deinem Farbkasten.*
- *Male jeden neu gefundenen Blauton in ein Feld.*

KOHL VERLAG Lernen mit Erfolg
FRANZ MARC
Eine Kunstwerkstatt für 8- bis 12-Jährige – Bestell-Nr. 10 947

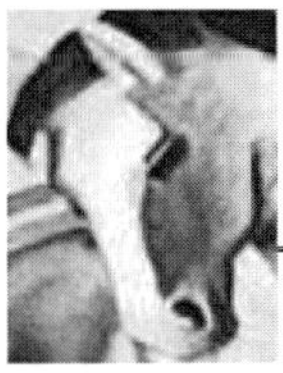

Die blaue Farbe

Die blaue Farbe macht sich auch die Werbung zunutze. Blau wirkt Vertrauen erweckend und vermittelt das Gefühl der Frische, Sauberkeit, Kühle, Leichtigkeit, Weichheit.

Aufgabe 4: *Sieh dir die Beispiele für die blaue Farbe aus der Werbung an!*

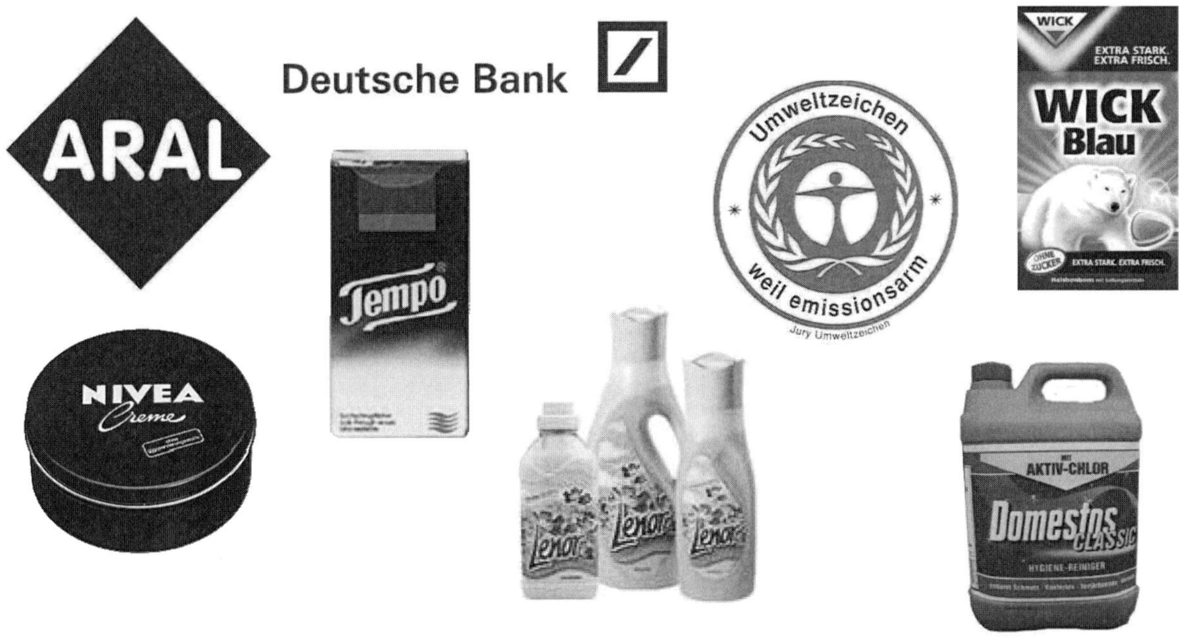

Aufgabe 5: *Male in jeden Rahmen ein Fantasieprodukt, bei dem die blaue Farbe Sauberkeit, Frische, Kühle und Leichtigkeit vermitteln soll! Beschrifte deine Produkte!*

Die blaue Farbe

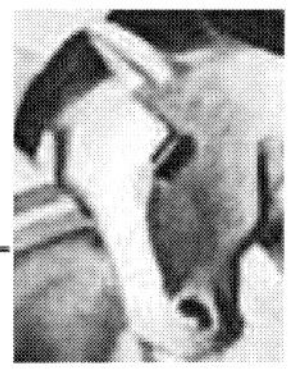

Die blaue Farbe wird auch häufig in Redewendungen und Begriffen benutzt.

Aufgabe 6: *Male das Feld mit der Redewendung/dem Begriff und ihre/seine Bedeutung in einer Farbe aus!*

einmal blau machen	viel reden
der blaue Planet	adelige Herkunft
Blau sein	von der Arbeit weg bleiben
Das Blaue vom Himmel versprechen	glimpflich davonkommen
Das Blaue vom Himmel lügen	unangenehme Überraschung
Das Blaue vom Himmel reden	Unmögliches versprechen
Ins Blaue hinein gehen	betrunken sein
sich grün und blau ärgern	unsere Erde
jemanden grün und blau schlagen	sich furchtbar ärgern
mit einem blauen Auge wegkommen	etwas vorgaukeln
blaues Blut in den Adern haben	gehörig verprügeln
jemandem blauen Dunst vormachen	lügen
sein blaues Wunder erleben	kein Ziel haben

Aufgabe 7: *Mische möglichst viele verschiedene Blautöne mit deinen Deckfarben aus dem Farbkasten! Male jedes Kästchen mit einem Blauton aus!*

Aufgabe 8: *Male ein Bild mit Deckfarben auf deinen Zeichenblock! Du darfst für das Bild nur Blautöne benutzen.*

KOHL VERLAG Lernen mit Erfolg
FRANZ MARC
Eine Kunstwerkstatt für 8- bis 12-Jährige – Bestell-Nr. 10 947

Tigerfarben

1912 unternahm Franz Marc seine dritte Reise nach Paris. Er lernte den Maler Robert Delaunay kennen, der seine Motive in geometrische Formen zerlegte.

Und so malte Robert Delaunay.

Das gefiel Franz Marc. Bald zerlegte er auch seine Tiermotive in geometrische Formen.

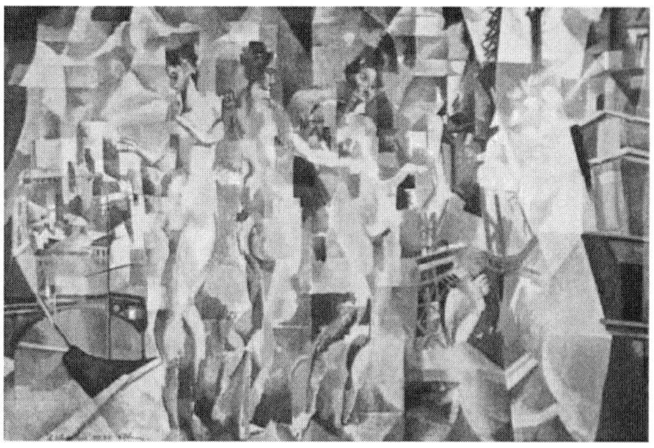

Farbzuordnung von Franz Marc:

Blau: männlich, streng, rau, ruhig, selbstbewusst

Gelb: weiblich, sanft, freundlich, freudig

Rot: brutal, schwer, aufregend, erdig, gefährlich, feurig

1912 malte Franz Marc das Bild Tiger, wobei er den Hintergrund und den Tiger in geometrische Formen zerlegte.

Aufgabe 1: *Male den Tiger in einer Farbe aus! Welche Farbe könnte es nach Marcs Farbzuordnung sein?*

Aufgabe 2: *Vergleiche das Farbbild von Franz Marcs Gemälde Tiger mit deinem Bild!*

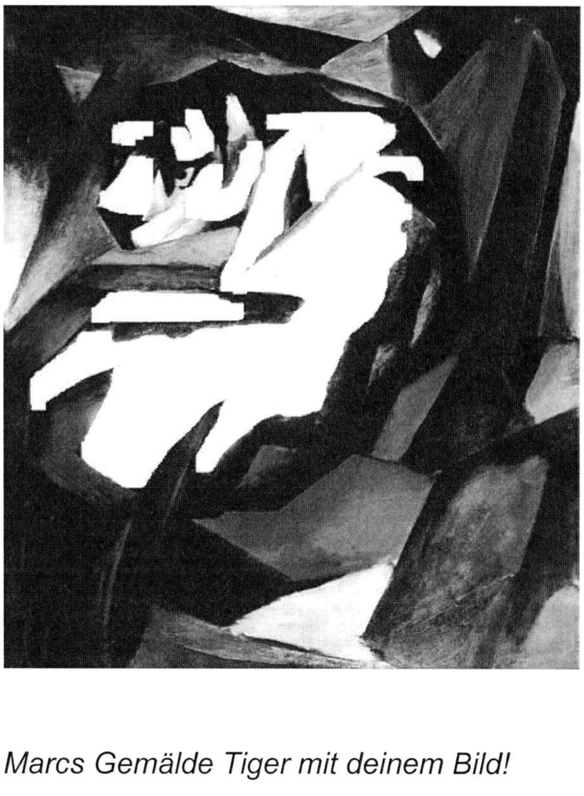

Die Farbe des Tigers scheint nach Franz Marcs eigener Farbzuordnung nicht zu passen.

Warum hat Marc trotzdem diese Farbe für den Tiger gewählt? Warum wirkt der Tiger auch mit der weiblichen Farbe Gelb noch bedrohlich?

____

____

____

Aufgabe 3: *Vergleiche das Farbbild von Franz Marcs Gemälde Tiger mit deinem Bild!*

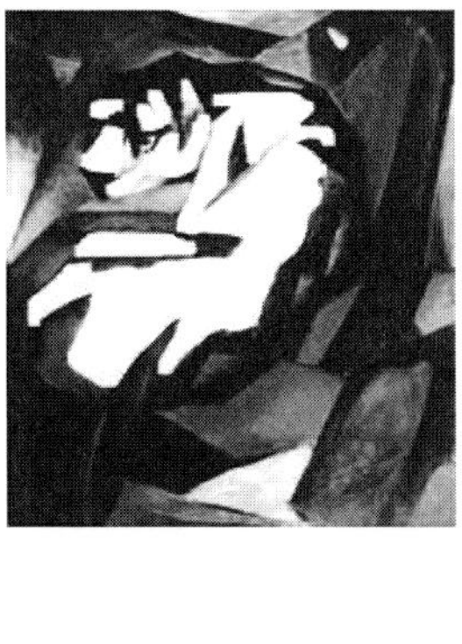

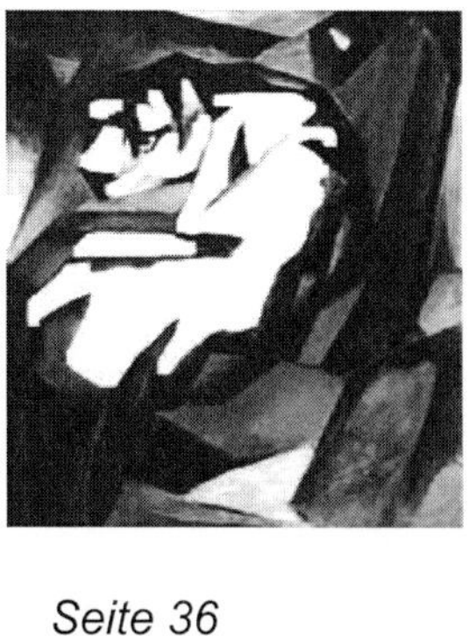

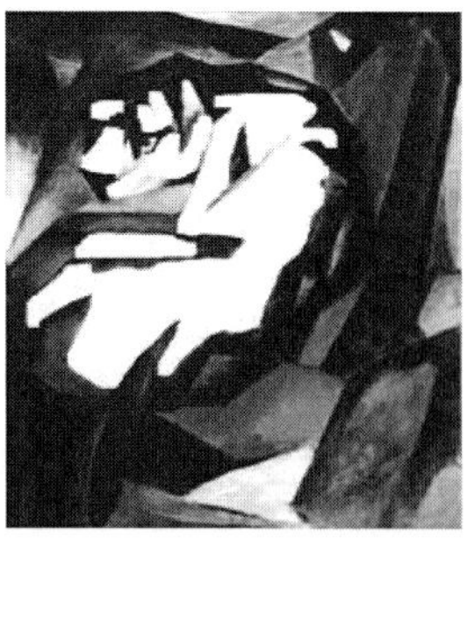

Formenzerlegungen

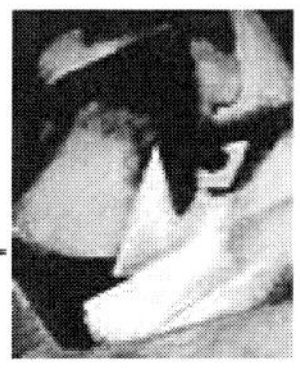

Ein in Formen zerlegtes Bild kannst du auch herstellen.

Aufgabe 1: *Zerlege das Bild in Formen und male jedes Feld in einer Primär- oder Sekundärfarbe aus!*

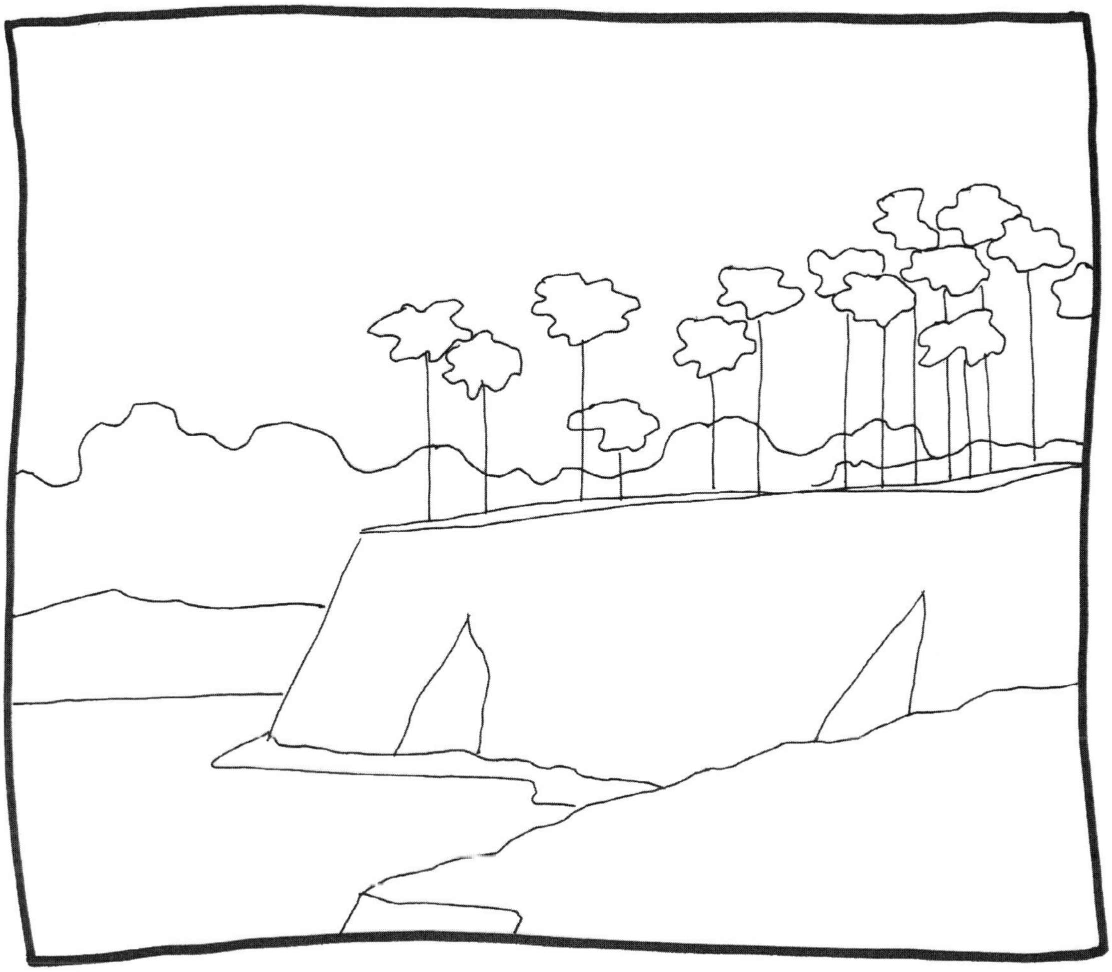

Aufgabe 2: *Zerlege den Wal in Formen und male ihn in einer Primär- oder Sekundärfarbe passend zu deinem Bild aus!*

Aufgabe 3: *Schneide den Delfin aus und klebe ihn oben in dein Bild!*

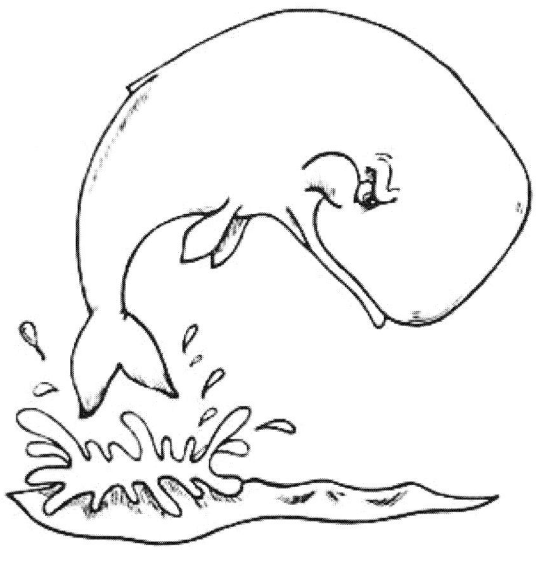

FRANZ MARC
Eine Kunstwerkstatt für 8- bis 12-Jährige – Bestell-Nr. 10 947
KOHL VERLAG

Rehfamilie

Franz Marc zerlegte seine Motive und den Hintergrund seiner Bilder immer stärker in Formen. Die Tiere in seinen Gemälden verschmolzen mit dem Hintergrund. Man sah sie kaum noch.

Sieh dir das Beispiel für eine starke Zerlegung des Motivs und des Hintergrundes an. Das Gemälde nannte Franz Marc *Rehe im Walde II*. Kannst du die Rehfamilie aus Vater, Mutter und Kind erkennen?

Der Vater hat den Kopf wachsam erhoben, Mutter und Kind sehen sich an.

Aufgabe 1: ▣ *Male die Rehe nach Franz Marcs eigener Farbzuordnung (S. 36) an!*

▣ *Male dann die Formen um die Rehfamilie in typischen Franz Marc-Farben an! Benutze Deckfarben!*

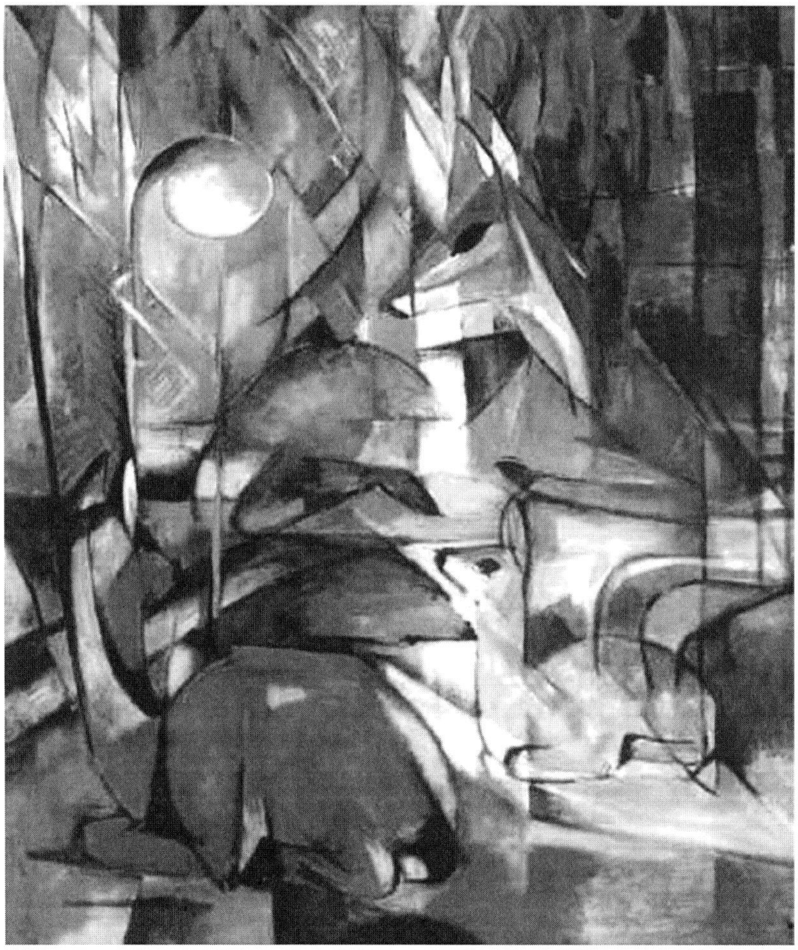

Bei Franz Marc ist die Rehmutter in roter und das Rehkitz in gelber Farbe gemalt.

Aufgabe 2: *Erläutere seine Farbwahl mithilfe seiner Farbzuordnung!*

Geometrie

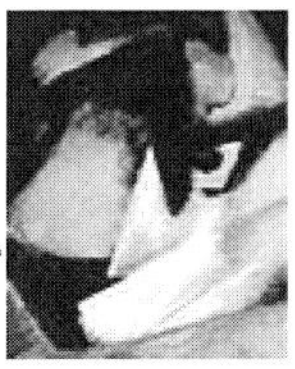

Du kannst ein Bild auch nur in Formen aus der Geometrie zerlegen.

Das sind Kreise ◯ Quadrate □ Rechtecke ▭ Dreiecke △ .

Du kannst zum Zerlegen auch die Körper aus der Geometrie dazu nehmen. Das sind

Zylinder Würfel Quader .

Aufgabe 1: *Sieh die das Beispiel an! Links ist das Bild von Franz Marc, das er 1910 von seinem Hund gemalt hat. Rechts ist die „Fälschung“.*

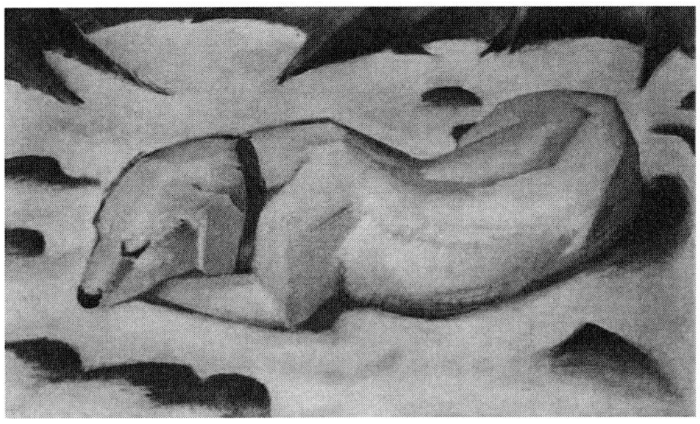

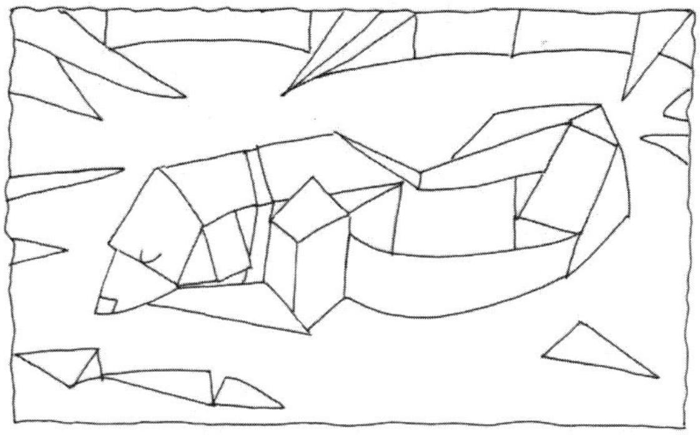

Aufgabe 2: *Zerlege das Gemälde von Franz Marc in Formen aus der Geometrie!*

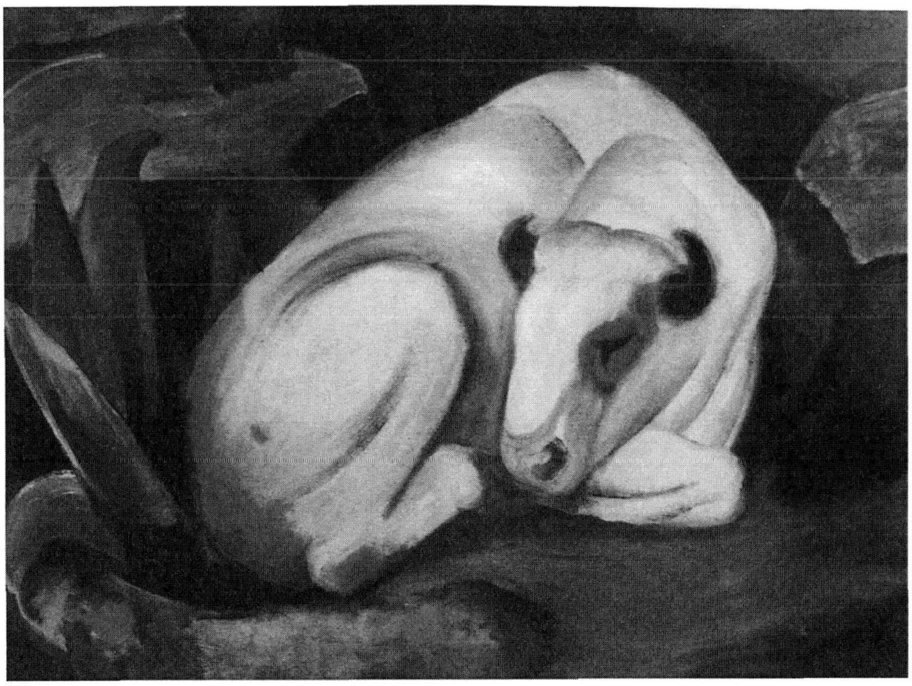

Aufgabe 3:
- *Male die Formen aus!*
- *Schneide dann die Formen aus!*
- *Klebe sie auf einem Blatt zu einem neuen Bild zusammen!*

FRANZ MARC
Eine Kunstwerkstatt für 8- bis 12-Jähr ge – Bestell-Nr. 10 947
KOHL VERLAG

Postkartengemälde

1912 begann Franz Marc statt gekaufter Postkarten bemalte Karten an seine Schriftsteller-freundin Else Lasker-Schüler in Berlin zu schreiben. Aus den Motiven einiger Postkarten malte Franz Marc große Bilder.

Aufgaben:

- *Bemale eine Postkartenhälfte mit einem Bild.*
- *Schreibe einen Text auf die andere Postkartenhälfte.*
- *Schneide beide Hälften aus und klebe die Rückseiten zusammen.*
- *Schreibe die Adresse auf und bringe deine Karte zur Post.*

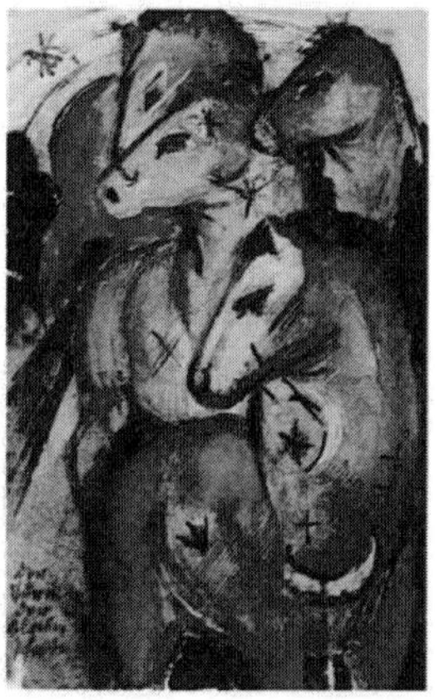

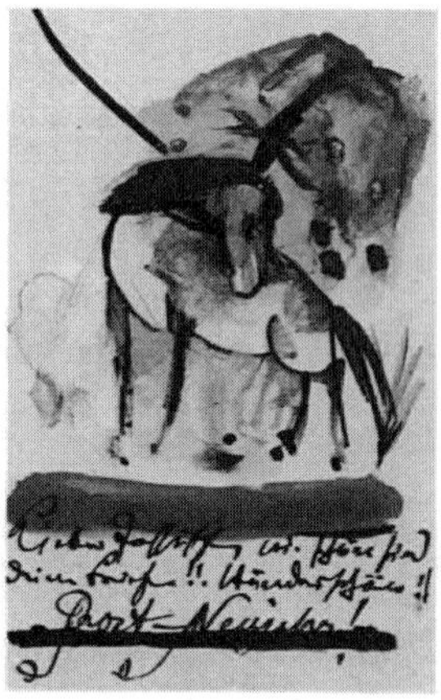

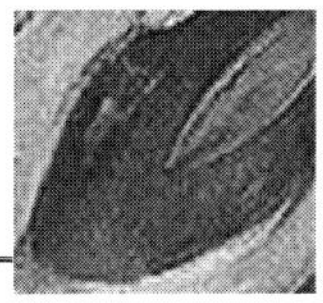

Farbfreiheiten

1914 verzichtete Franz Marc auf die Darstellung von Gegenständen in seinen Motiven. Das nennt man abstrakte Malerei.

Mit seinem neuen Malstil wollte er die Farbe von einer Form befreien. Die Farben wurden nicht mehr durch die Umrisslinien von Gegenständen eingeengt.

Wenn zwei unterschiedliche Farben aufeinander treffen, entsteht eine Grenze. Die Farben müssen nicht durch Umrisslinien voneinander getrennt werden.

Aufgabe 1: *Male die Felder in den angegebenen Farben aus. Wie wirken die Farbfelder mit und ohne Umrisslinien?*

Rot	Blau

Rot	Blau

Aufgabe 2: *Sieh dir die Ausschnitte aus einem Gemälde von Franz Marc an! Welche Tiere siehst du darin? Male sie weiter!*

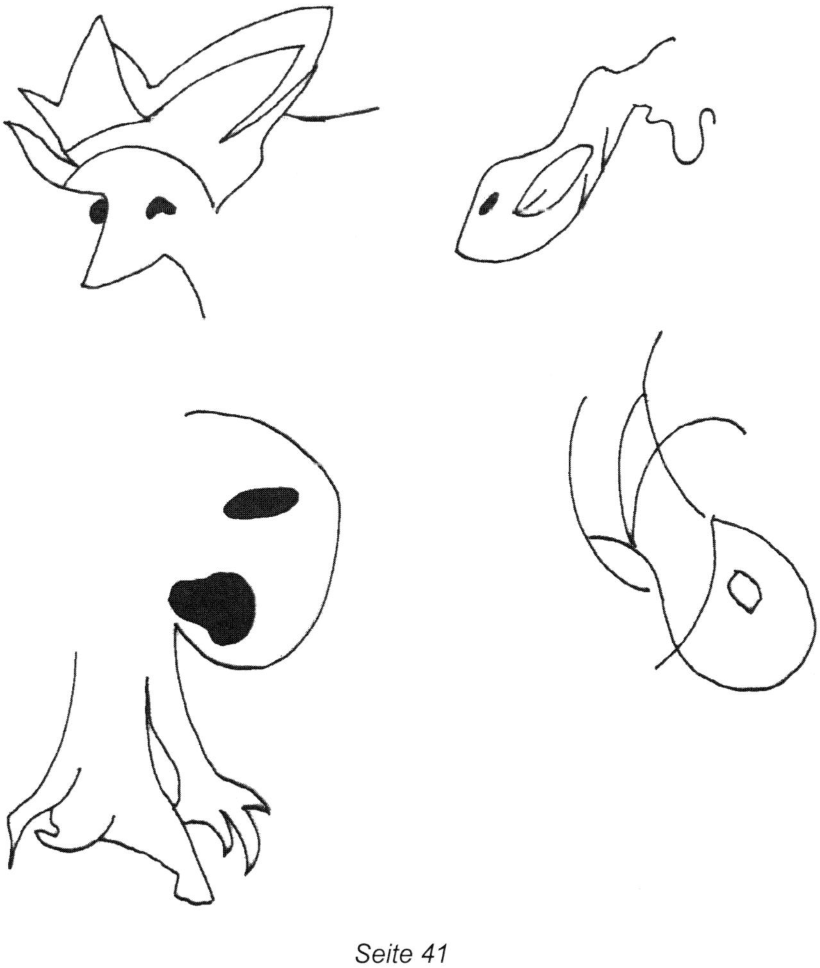

FRANZ MARC
Eine Kunstwerkstatt für 8- bis 12-Jährige – Bestell-Nr. 10 947
KOHL VERLAG

Kämpfende Farben

Aufgabe 1: *Lies die Geschichte von den kämpfenden Farben!*

Franz Marc malte eine große rote Fläche links, rechts eine große Fläche in blauer Farbe auf die Leinwand.
In der Nacht schob sich das Rot immer weiter in die blaue Farbe hinein.
Das Rot wollte eine größere Fläche ergattern, damit es auf dem fertigen Gemälde die Hauptrolle spielen konnte.
Das Blau sammelte alle Kräfte und versuchte, das Rot zurück zu schieben.
Der Kampf wogte hin und her. Mal gewann das Rot mehr Fläche, mal das Blau.
Blitzschnell verwandelte sich das Rot in einen Adler mit scharfen Krallen an den kräftigen Beinen, um dem Blau Angst einzujagen.
Das Blau verwandelte sich in eine Kugelform, um leichter gegen das Rot anrollen zu können. Es holte sich sogar das Schwarz zu Hilfe, um dunkler und bedrohlicher zu wirken. Das Rot pfiff und aus allen Rändern der Leinwand strömte eine Armee von kleinen Farben herbei: Gelb, Grün, Pink und Lila. Sie drückten und schoben das Rot von allen Seiten gegen das Blau.

Aufgabe 2:
- *Schreibe das Ende des Kampfes in dein Heft/in deinen Ordner!*
- *Male ein Bild zu der Geschichte in den Rahmen!*

Kriegsbild

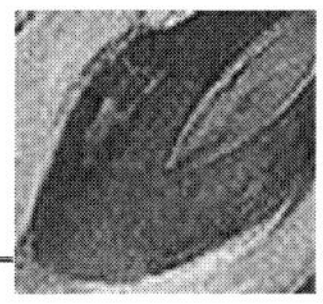

Aufgabe 1: ▣ *Sieh dir das Farbbild „Kämpfende Formen“ von Franz Marc an!*
▣ *Vergleiche das Farbbild mit deinem gemalten Bild!*
▣ *Notiere die Gemeinsamkeiten und die Unterschiede!*

____

____

____

____

____

Das Bild *Kämpfende Formen* hat Franz Marc 1914 gemalt. In dem Jahr brach der Erste Weltkrieg aus.

Aufgabe 2: *Kreuze die Sätze an, die nach deiner Meinung auf das Bild „Kämpfende Formen“ zutreffen!*

	Franz Marc hat die Kämpfe des Krieges dargestellt.
	Das Rot ist streitsüchtig und angriffslustig.
	Das Blau zieht sich zusammen und will Streit vermeiden.
	Das Rot hat noch Verstärkungen hinter sich.
	Die Helfer haben das Rot als Tarnfarbe angenommen.
	Das Blau greift an und will den Kampf.
	Das Rot will sich zurückziehen und Frieden schließen.
	Das Blau hat zwei dolchförmige Helfer.
	Das Schwarz unterstützt das Rot in seinem Kampf.
	Die Farben Rot und Schwarz stellen zwei kämpfende Länder dar.

Aufgabe 3: *Male das Bild in anderen Primär- und Sekundärfarben aus!*

Aufgabe 4: *Vergleiche dein Bild mit dem Titel „Kämpfende Formen“! Kämpfen deine Farben auch miteinander?*

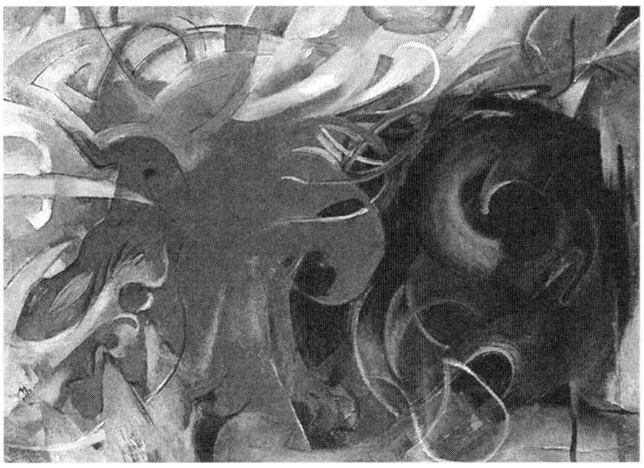

FRANZ MARC
Eine Kunstwerkstatt für 8- bis 12-Jährige – Bestell-Nr. 10 947
KOHL VERLAG

Abstrakte Kleberei

Franz Marc hat in den letzten Lebensjahren die Tiere nicht mehr so gemalt, wie sie in Wirklichkeit aussehen. Entweder hat er sie in Formen zerlegt oder nur angedeutet. In dem Bild *Kämpfende Formen* kann man die Tiere nur noch ungefähr erkennen.
Du kannst mit einem einfachen Trick wirklichkeitsgetreue Darstellungen von Tieren in abstrakte Bilder verwandeln.

Aufgaben:

- *Male das Bild und den Hintergrund aus!*
- *Schneide es an den Linien in Streifen!*
- *Lege die Streifen in anderer Reihenfolge zusammen!*
- *Wenn dir das Bild gefällt, klebe es auf ein Blatt!*

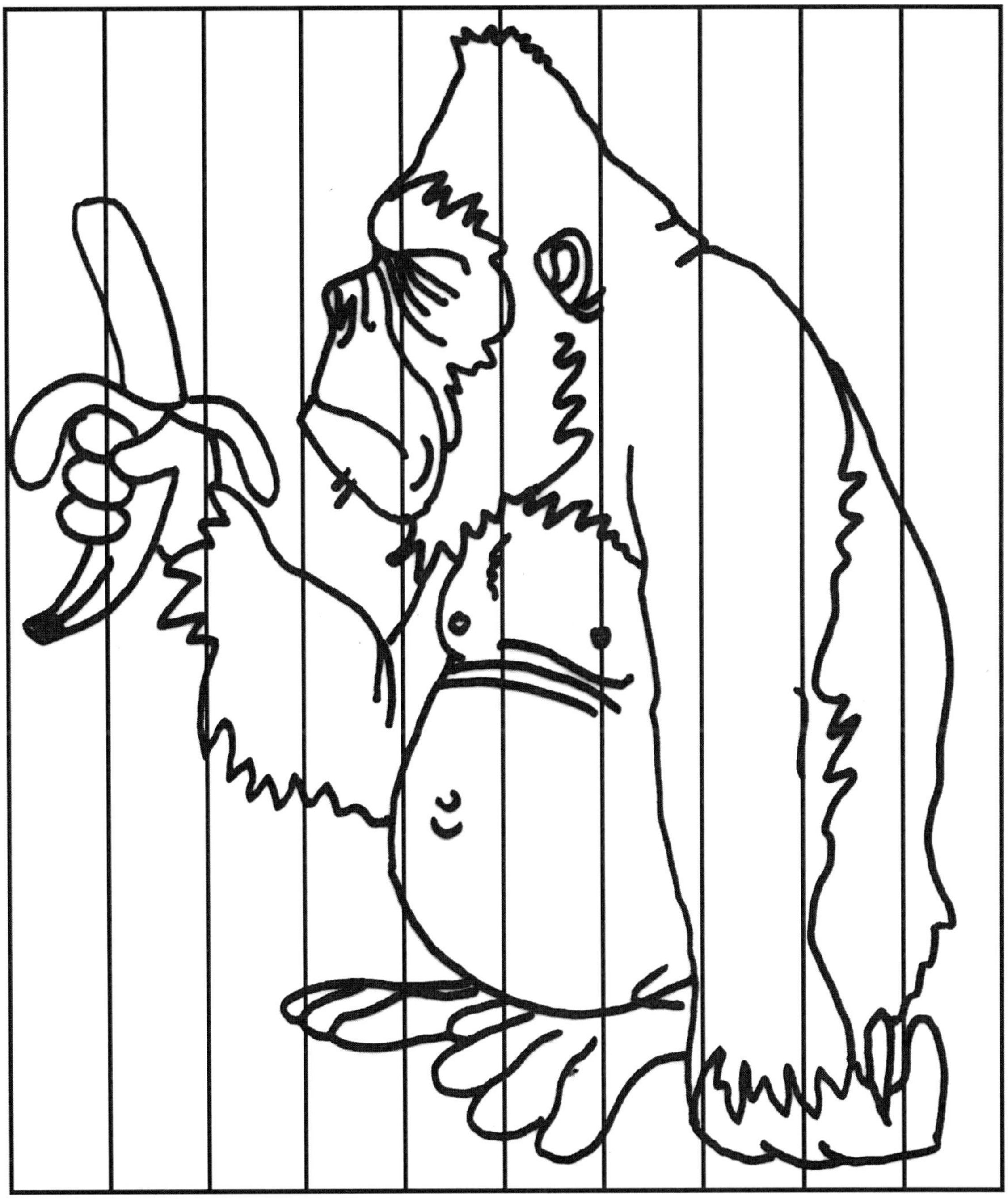

Witzige Tierköpfe

Franz Marc hat in seinem Bild *Kämpfende Farben* seltsame Tiere und Tierköpfe zwischen schmalen Farbflächen versteckt.

Aufgaben:

- *Verändere die Tiere und Tierköpfe mit dem Filzstift!*
- *Male sie mit Franz Marcs Farben aus! Schneide sie dann aus!*
- *Klebe sie auf ein Blatt deines Zeichenblocks!*
- *Bemale den Hintergrund mit großen, kleinen, schmalen und breiten Farbflächen in den Farben von Franz Marc.*

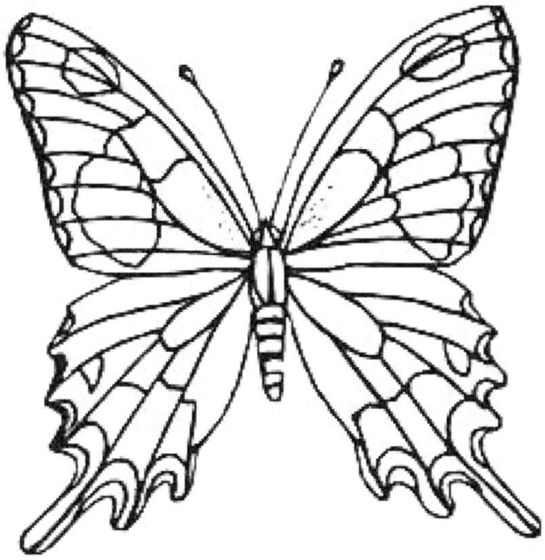

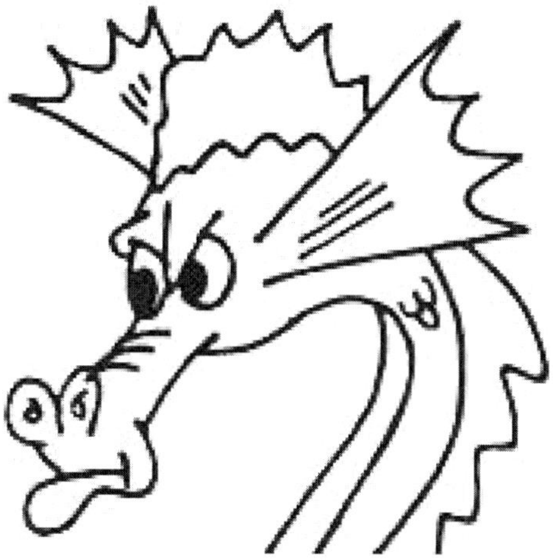

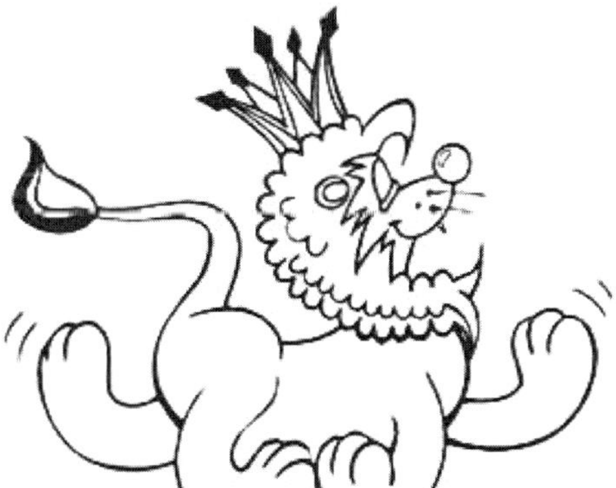

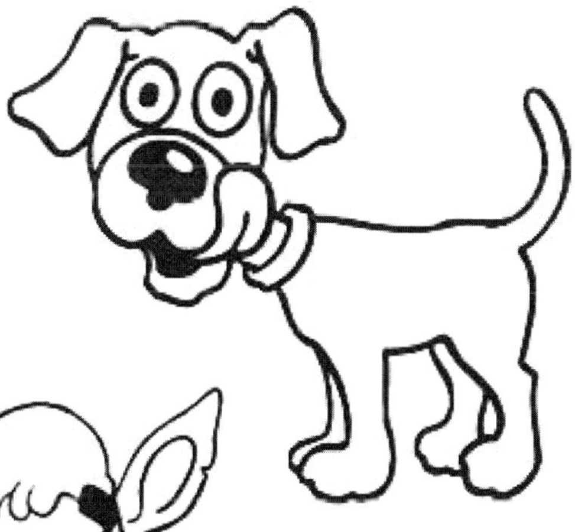

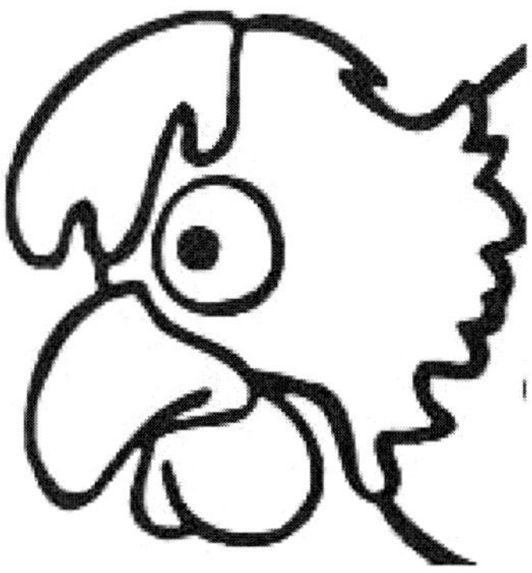

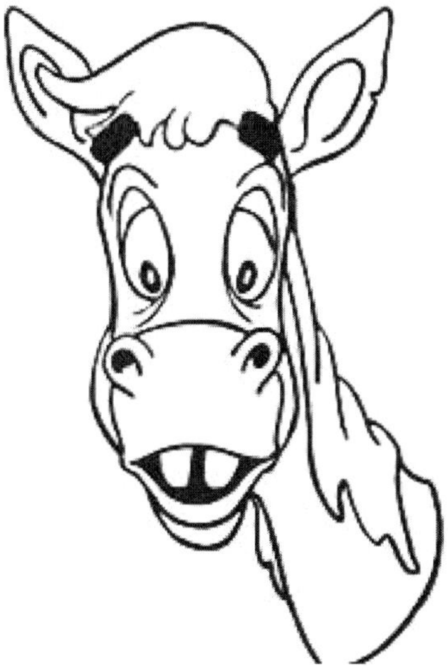

Die Lösungen

Seite 10

- [x] Das Bild ist mit breiten, flüchtigen Pinselstrichen gemalt.
- [ ] Marc hat keine Linien um die Gegenstände gemalt.
- [x] Er hat versucht, wie die Impressionisten zu malen.
- [x] Die Wäschestücke sind nur als Farbflächen dargestellt.
- [x] Im Wasser des Teichs spiegeln sich keine Gegenstände.
- [x] Marc hat versucht, die glitzernde Wasseroberfläche zu malen.
- [x] An dem Gästehaus sind Beete angelegt.
- [ ] Marc hat viel Rot für das Bild benutzt.
- [x] Das Bild ist überwiegend in hellbraunen und hellgrauen Farben gemalt.
- [x] Neben dem Gästehaus befinden sich Scheunen.

Seiten 13/14

1. Die Wäschestücke haben die Farben rot, grün, weiß.
2. Ja, diese Behauptung stimmt.
4. Das Geländer hat die Farbe weiß.
5. Das Haus hat neun Fenster.
6. Das Dach hat die Farbe rot.
7. Hinter dem Gästehaus stehen zwei Bäume.
8. Ja, es führt ein Holzsteg in den Teich.
9. Der Schornstein befindet sich auf der linken Seite.
11. Die Wand zum Teich hat sechs Holzpfähle.
12. Diese Behauptung stimmt nicht.
13. Die Haustür ist offen.

Seite 15

Das Auge sieht gerade
auf einen Menschenschädel.

Seite 16

Individuelle Lösungen.

Seite 19

Das Bild des 2. Bilddiktats entspricht in
den Farben dem Bild, das Franz Marc gemalt hat.

Seite 21/22

Siehe rechts.

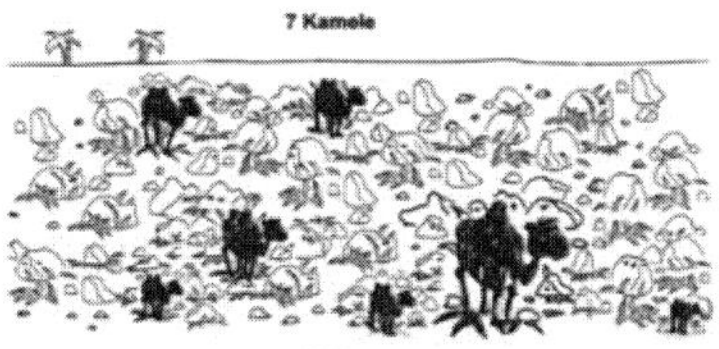

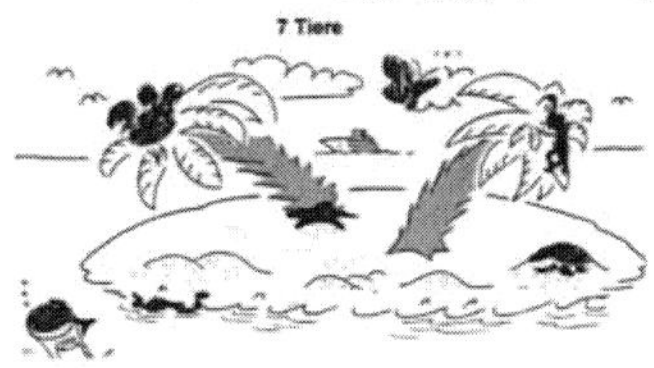

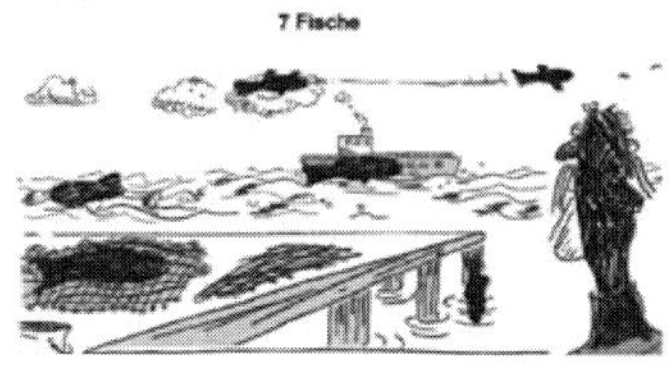

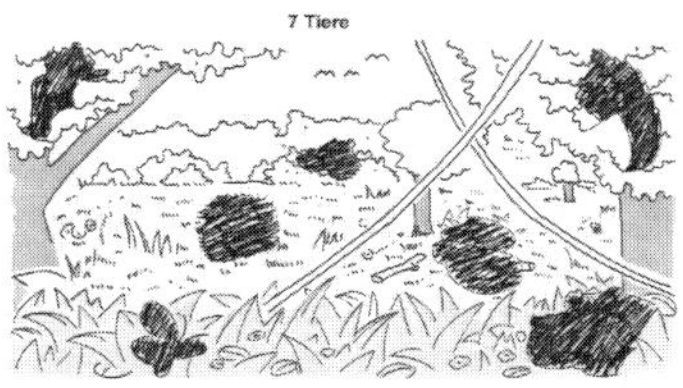

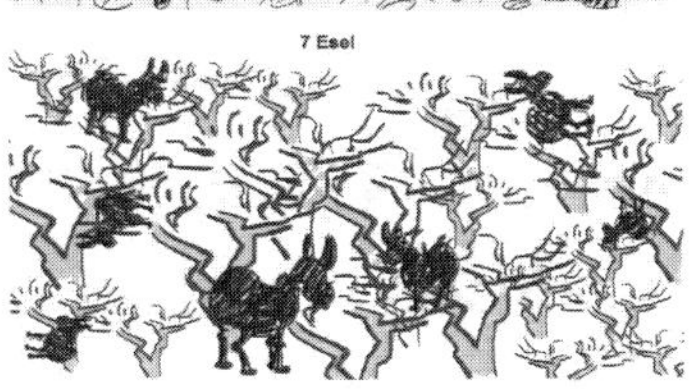

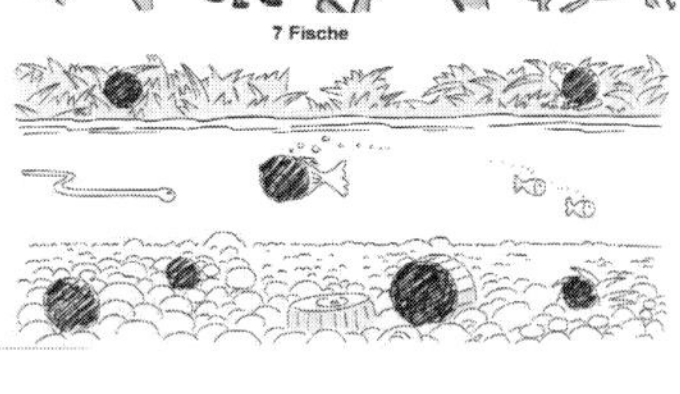

Die Lösungen

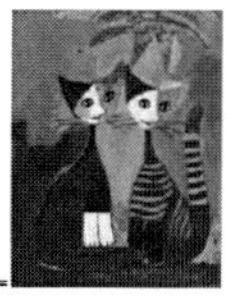

Seite 23

Individuelle Lösungen.

Seite 29

a) Die blaue Farbe symbolisiert Männlichkeit und Kraft.
b) Dies erkennt man an der Pflanze im Vordergrund.
c) Sie wirken erdig, weiblich und sanft.

Seite 31

Individuelle Lösungen.

Seite 32

<u>In folgender Reihenfolge</u>: zieh'n – Pracht – hab – ein – gefragt – Blümelein – Au – irgendwo – Glück – Zeit – lacht – blüh'n

Seite 35

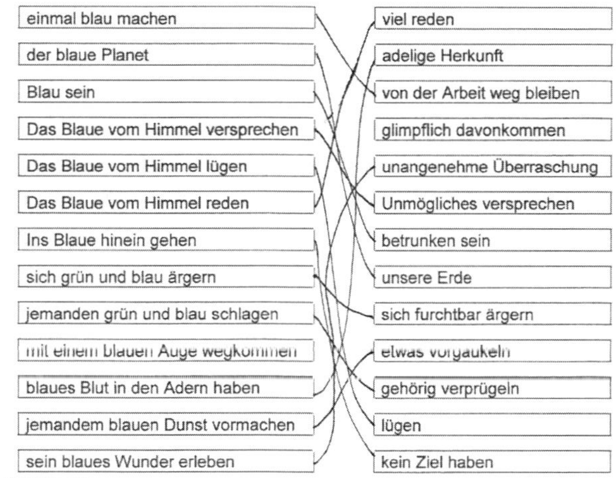

Seite 43

X	Franz Marc hat die Kämpfe des Krieges dargestellt.
X	Das Rot ist streitsüchtig und angriffslustig.
X	Das Blau zieht sich zusammen und will Streit vermeiden.
X	Das Rot hat noch Verstärkungen hinter sich.
X	Die Helfer haben das Rot als Tarnfarbe angenommen.
	Das Blau greift an und will den Kampf.
	Das Rot will sich zurückziehen und Frieden schließen.
X	Das Blau hat zwei dolchförmige Helfer.
	Das Schwarz unterstützt das Rot in seinem Kampf.
	Die Farben Rot und Schwarz stellen zwei kämpfende Länder dar.

FRANZ MARC
Eine Kunstwerkstatt für 8- bis 12-Jährige – Bestell-Nr. 10 947
KOHL VERLAG

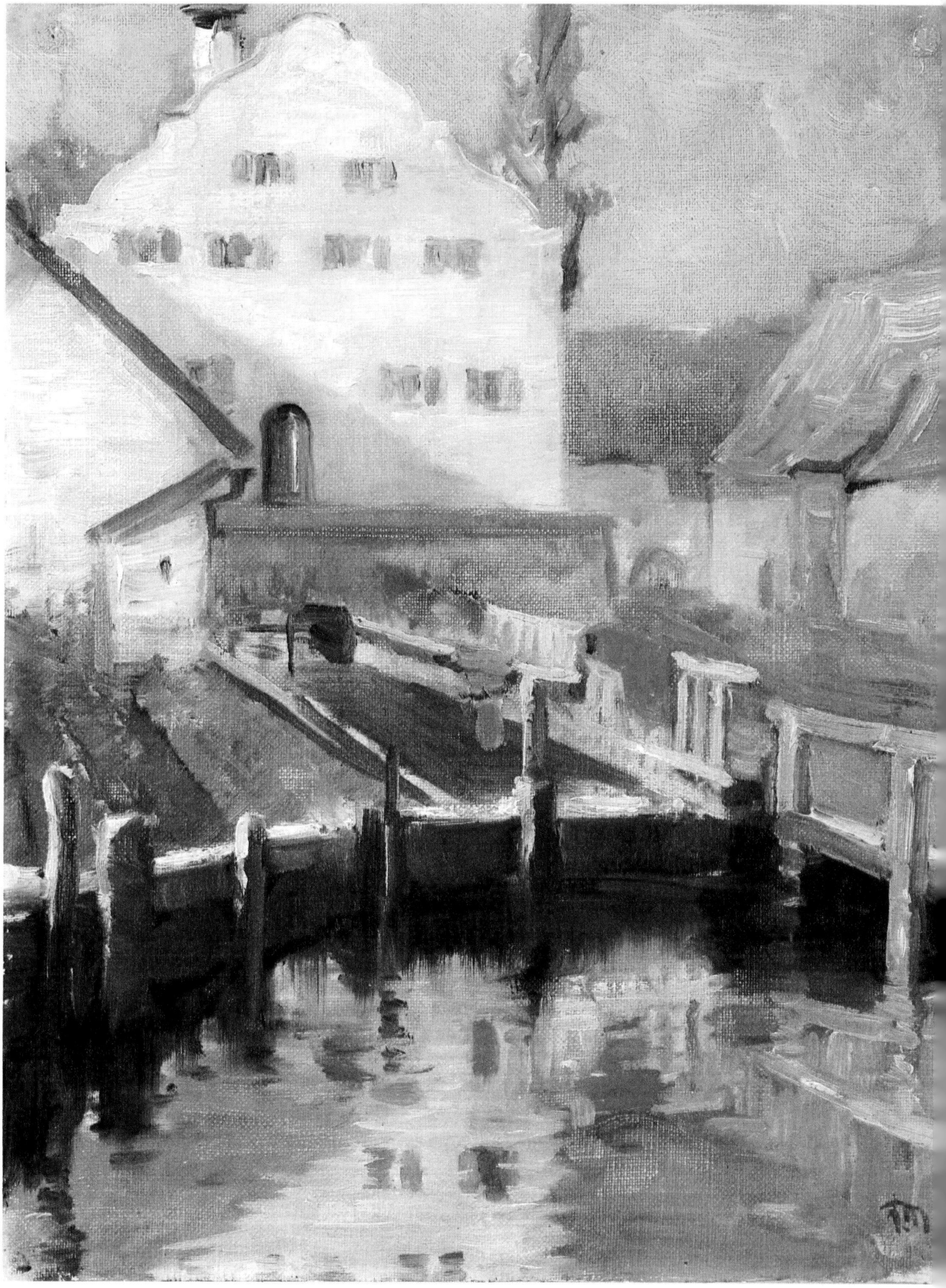

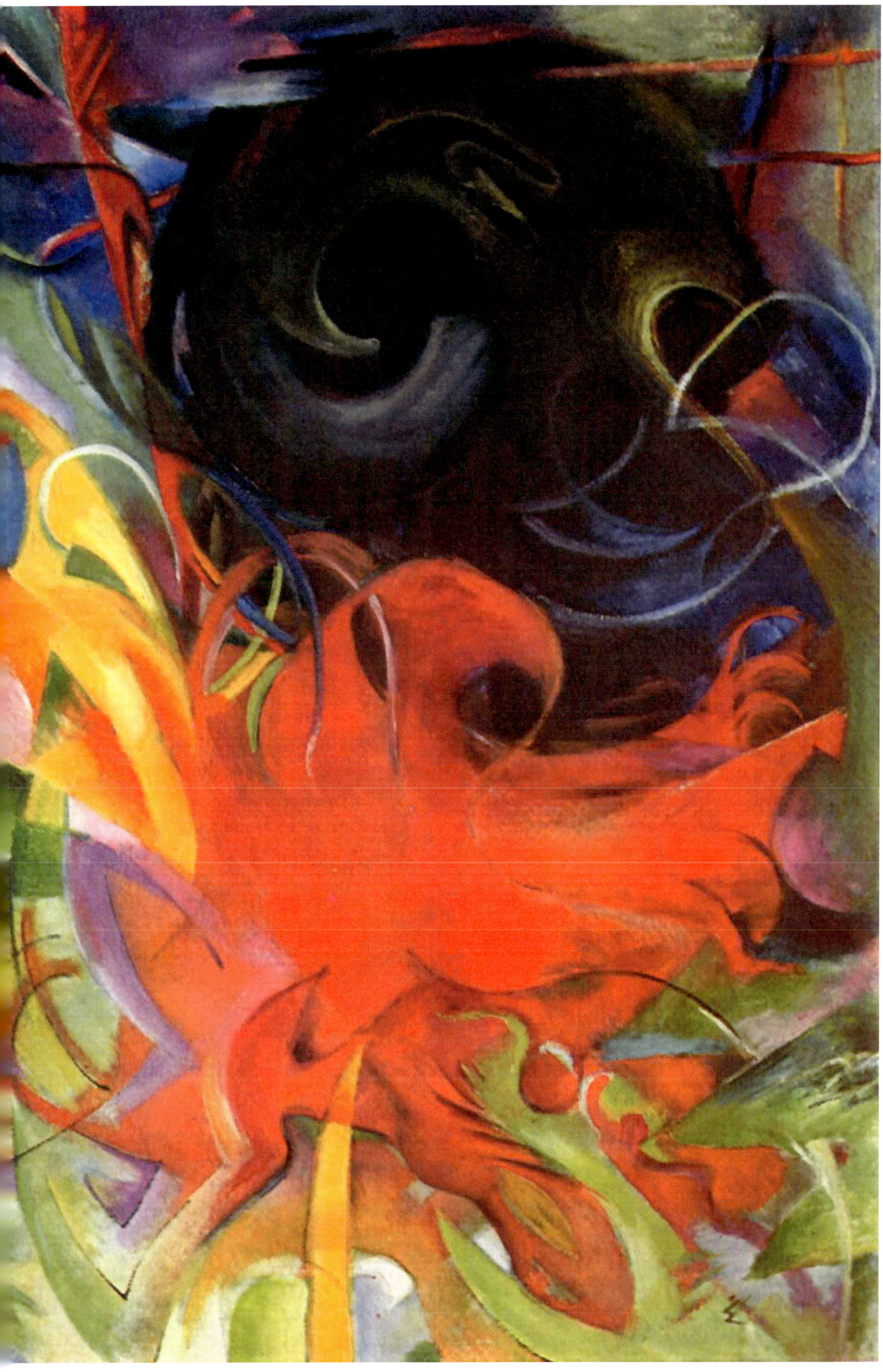

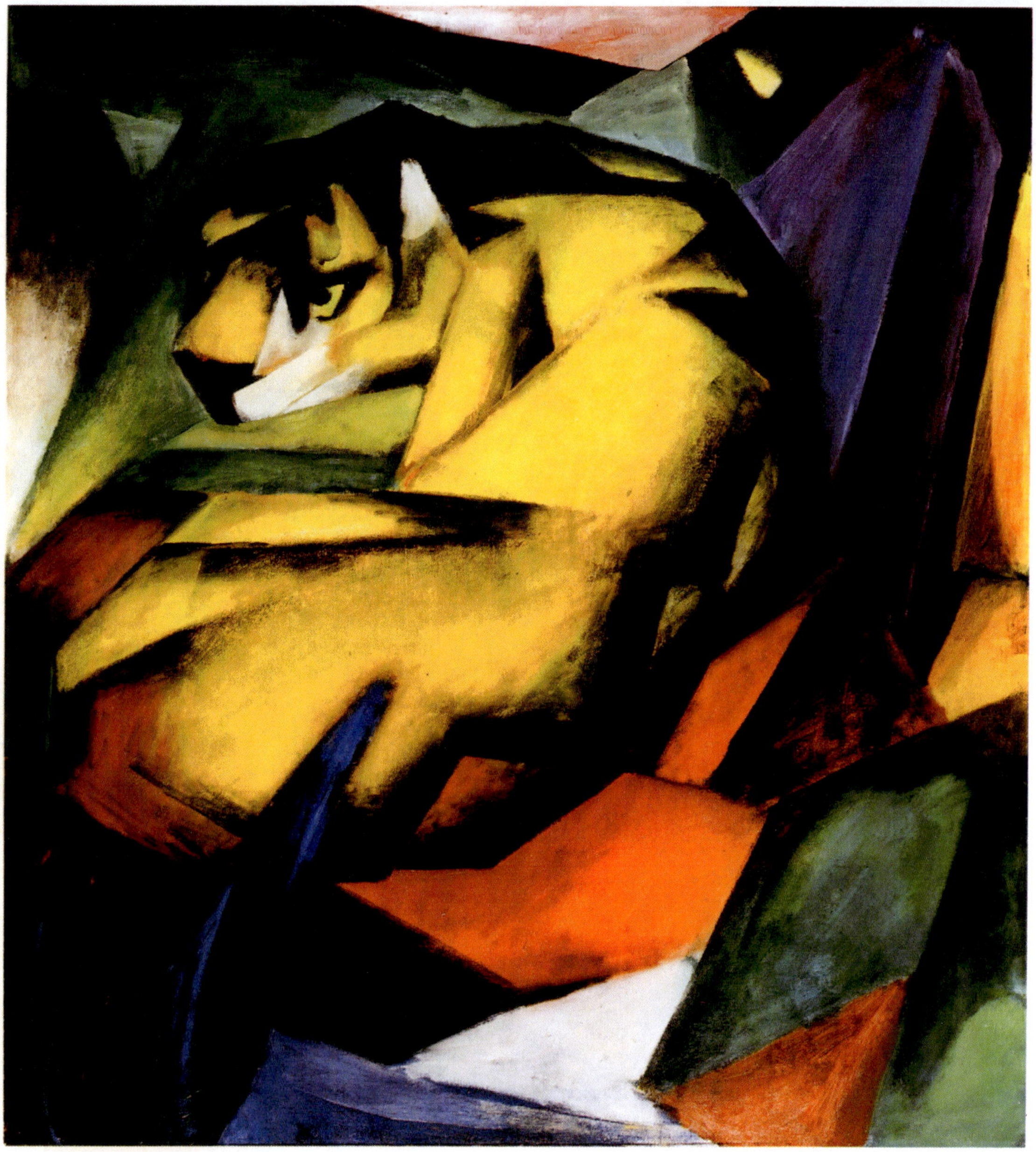

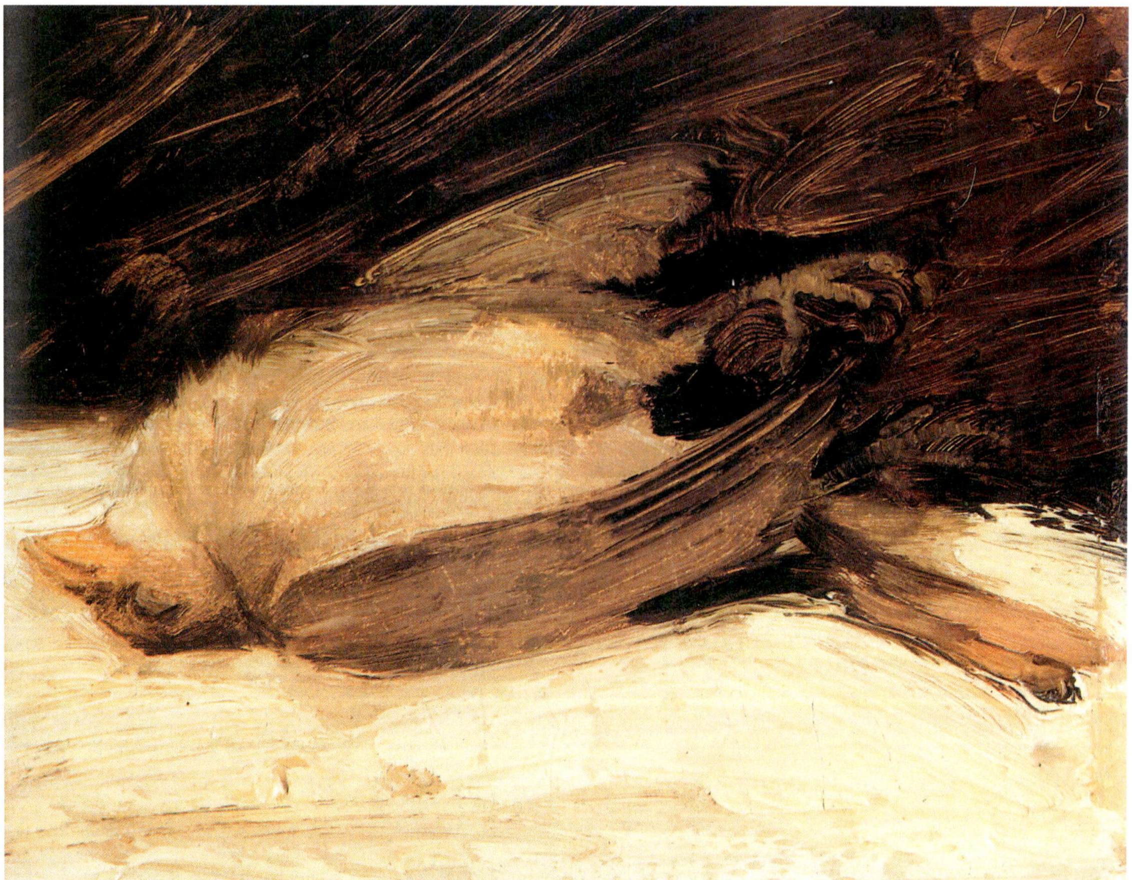

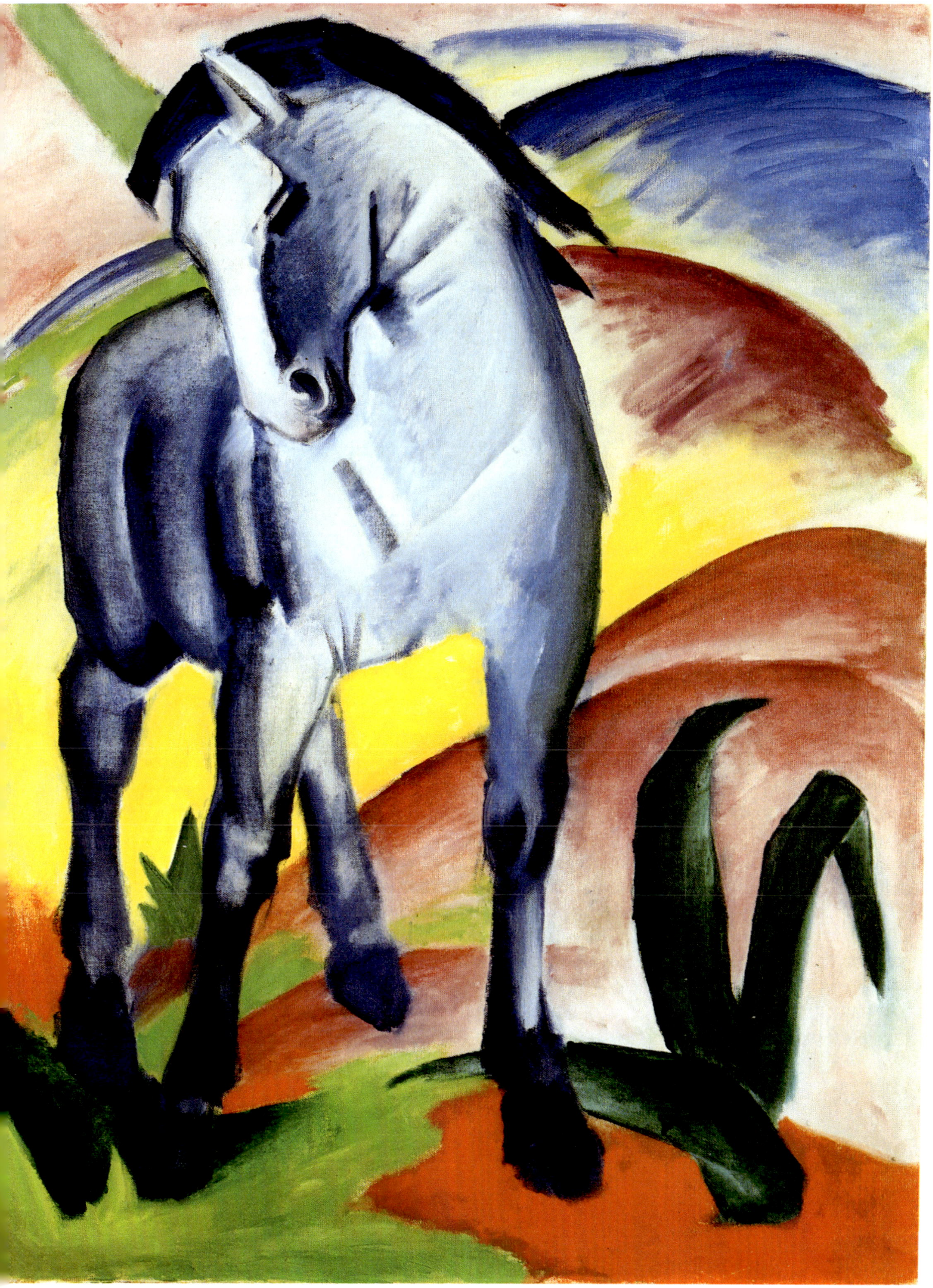

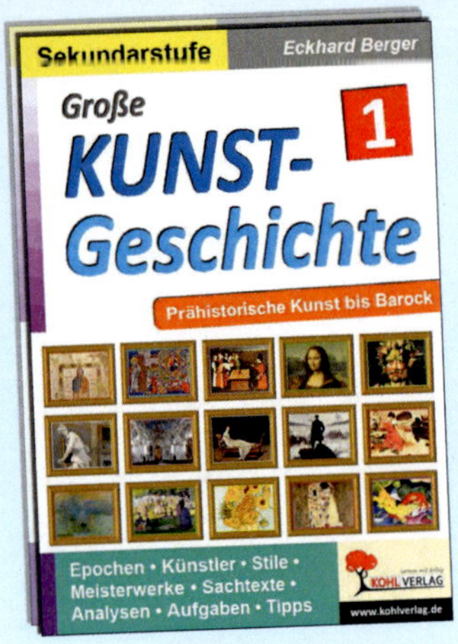

Eckhard Berger

Große Kunstgeschichte

Infos - Analysen - Tipps - Aufgaben

TIPP

Standardwerke nach einem innovativen und effektiven Konzept als grundlegende kustgeschichtliche Lehr- und Lern-werke. Die Bände sind chronologisch aufgebaut und erklären eindrucksvoll alle relevanten Epochen und Stile und ihren Kontext zueinander. Jede Epoche wird mit Sachtexten, Bildern und Aufgaben intensiv behandelt.

1 Prähistorische Kunst bis Barock:

Prähistorische Kunst, Ägyptische (Griechische, Römische, Byzantische, Karolingische) Kunst, Romantik, Gotik, Renaissance, Manierismus, Barock

2 Rokoko bis Moderne:

Rokoko, Klassizismus, Romantik, Realismus, Impressionismus, Pointillismus, Symbolismus, Postimpressionismus, Jugendstil, Expressionismus

1	Prähist. Kunst bis Barock	12 406	je 80 Seiten
2	Rokoko bis Moderne	12 407	ab 23,99 €

FARBIG — Alle Stufen

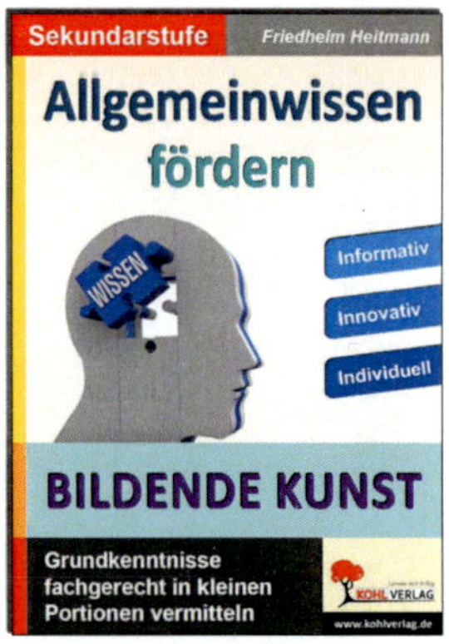

Friedhelm Heitmann

Allgemeinwissen fördern BILDENDE KUNST

Dieser Band liefert in dieser Hinsicht Grundkenntnisse festigt diese. Zunächst behandelt der Band, was die (Bil de) Kunst umfasst. Im Anschluss geht es kurz um die A tektur und Bildhauerei. Im Mittelpunkt des Bandes stehe doch die Malerei und das Zeichnen. Ausgegangen wird o von der Farbenlehre. Sodann erfolgt in chronologischer henfolge die Betrachtung ausgewählter, bedeutender Kı werke. Der Band hält auch einen Überblick über bedeuts Kunstepochen sowie Kunststile bereit. Entstanden aus der Schulpraxis variieren die Aufgabenstellungen im Band. Die Schüler haben die Gelegenheit, selbst zu malen und zu zeichnen.

64 Seiten	12 354	ab 14,49 €	FÖ	PDF plus

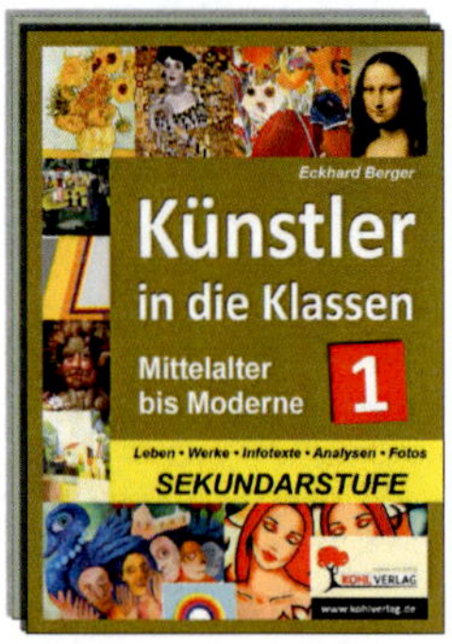

Eckhard Berger

Künstler in die Klassen

Vom Mittelalter bis zur Moderne

Die bekanntesten zeitgenössischen Künstler vom Mittelalte heute, ihr Leben und ihre Meisterwerke. Infotexte, wertv Hintergrundwissen, Analysen, brillante Fotos, faszinierende A dungen ... Die Kopiervorlagen und eine abschließende Lern trolle sorgen für einen hohen Lerneffekt!

80 S.	Band 1	10 881	ab 22,49 €
80 S.	Band 2	10 924	ab 23,49 €
88 S.	Band 3	10 925	ab 23,49 €

FARBIG

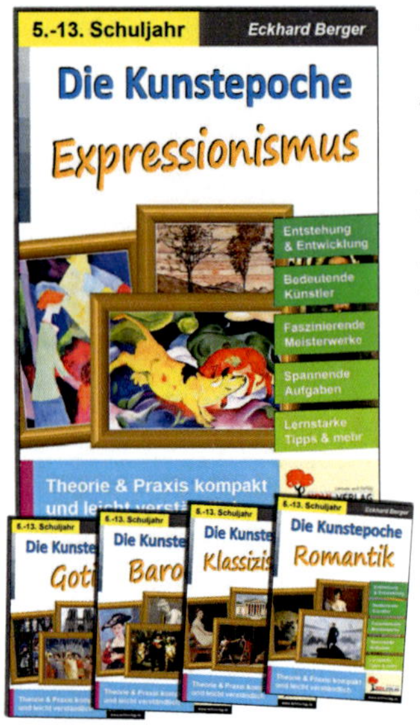

Eckhard Berger

Kunstepochen

Theorie & Praxis kompakt und leicht verständlich

Diese mehrbändige Unterrichtsreihe, konzeptionell, innovativ und effektiv für den modernen Kunstunterricht entwickelt, umfasst die großen relevanten Kunstepochen vom Mittelalter bis zur Neuzeit. Schüler erleben die bedeutendsten Künstler, Meisterwerke, typische Stilmerkmale, wichtigste und sensationelle Fakten, exklusive Fotos, lernstarke Aufgaben, wertvolle Tipps und Tests. Kunstgeschichte kann so ansprechend, verständlich und schülernah wie nie zuvor erfahren werden.

Realismus	12 355	
Expressionismus	12 356	
Impressionismus	12 357	
Renaissance	12 789	
Jugendstil	12 790	
Gotik	12 961	
Barock	12 962	
Klassizismus	12 963	je 48 Seiten
Romantik	12 964	ab 18,99 €

Alle Stufen — FARBIG

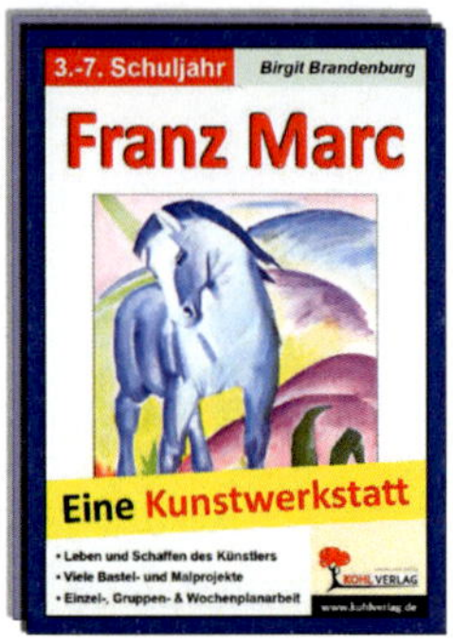

Berühmte Maler kennen-lernen und nachahmen!

Martin Völker & Birgit Brandenburg

Kreative Kunstwerkstätten

Leben und Schaffen der Künstler sowie Mal- & Bastelproje

Spuren berühmter Künstler in altersgerechten Texten und A benstellungen. Die künstlerische Handschrift wird handelnd r vollzogen, wobei die Motivation zu eigenen Kunstwerken ent und das Selbstvertrauen in die eigene künstlerische Leis wächst. Wie nebenbei lernen die Schüler noch mit jedem Kür ein Stück Kunst- und Kulturgeschichte kennen.

48 S.	Leonardo da Vinci	10 864	ab 12,49 €
52 S.	Franz Marc	10 947	ab 14,49 €
52 S.	Henri Rousseau	11 038	ab 14,49 €
52 S.	Paul Klee	11 156	ab 14,99 €
48 S.	Pierre-Aug. Renoir	11 451	ab 12,49 €
44 S.	Michelangelo	12 150	ab 14,49 €
56 S.	Vassily Kandinsky	12 077	ab 14,99 €

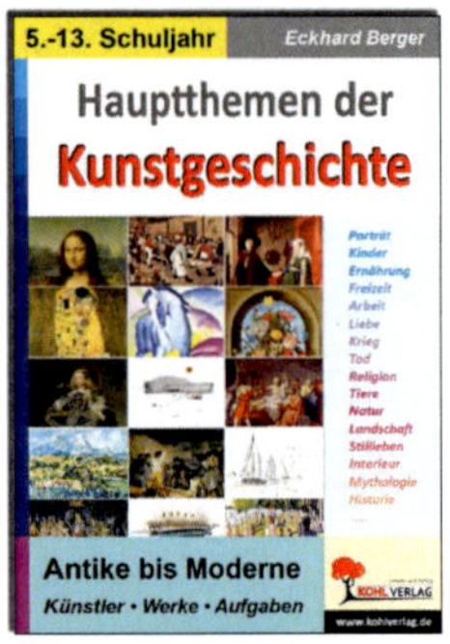

Eckhard Berger

Hauptthemen der Kunstgeschichte

Antike bis Moderne

In der Kunstgeschichte von der Antike bis zur Moderne werden die sich wechselnd wiederholenden vorherrschenden, wichtigen Hauptthemen über Gesellschaft, Zeit, Umwelt und Natur in ihrer faszinierend stilistischen und inhaltlichen Vielfalt im Kontext zur eigenen und anderen Epochen und der Gegenwart eindrucksvoll präsentiert. Lerneffizient, faktenreich spannend, ansprechend und begeisternd erleben Schüler den Transfer zu ihrer Welt. Kunst-, Kommunikations- und Selbstkompetenzen und ein Pflichtbaustein für einen optimalen, modernen Kunstunterricht sind garantiert.

FARBIG	80 Seiten	12 965	ab 23,99 €	Alle Stufen

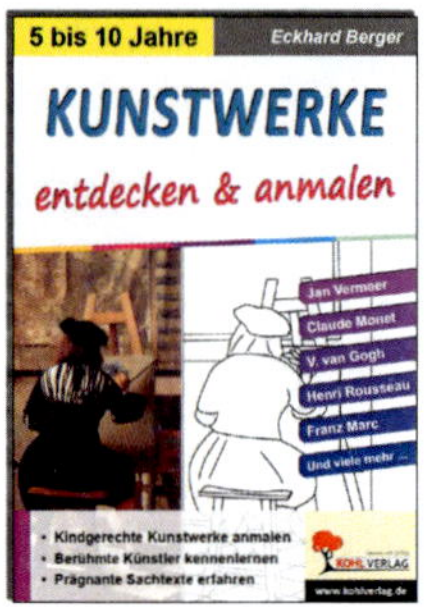

Eckhard Berger

Kunstwerke entdecken & anmalen

Der Band ist das lernstarke Mal- und Kunstbuch für alle kl Künstler, das unverzichtbar in der kunstpädagogischen Frühe hung ist. Es kann einerseits als Arbeitsbuch oder als Unterrichts eingesetzt werden. Die Vorlagen sind auch zur häuslichen Förde bestens geeignet. Kinder entdecken die berühmtesten Künstle deren bedeutendste Meisterwerke, die sie nach vorgegebener nach eigener Farbwahl anmalen.

FARBIG	40 Seiten	12 231	ab 17,49 €

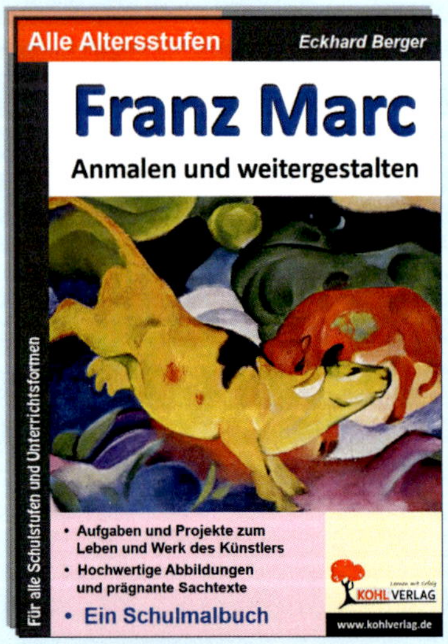

Einsetzbar als Schülerarbeitsbuch oder als Kopiervorlagenwerk!

Eckhard Berger

Bedeutende Künstler der Kunstgeschichte

... anmalen & weitergestalten

Die Reihe führt in das Leben und in das Werk großer internationaler Künstler ein. Jeder Band lässt sich chronologisch durcharbeiten oder beliebig als Haupt-, Ergänzungs-, Vertiefungs- oder Nebenthema in den Unterricht integrieren. Schüler erwerben begeistert Wissen, malen Bilder farbenprächtig an und gestalten sie ideenreich weiter.

Claude Monet	11 184
Vincent van Gogh	11 185
August Macke	11 186
Gustav Klimt	11 527
Der Blaue Reiter	11 307
Pieter Bruegel	11 584
Franz Marc	11 610
Albrecht Dürer	11 749
Caspar David Friedrich	11 939
Leonardo da Vinci	12 078
Paul Klee	12 710
Die Brücke	12 901
Wassily Kandinsky	12 902

FARBIG	je 32 S.	ab 14,99 €

Klasse 5 6 7 8 9 10 11-13

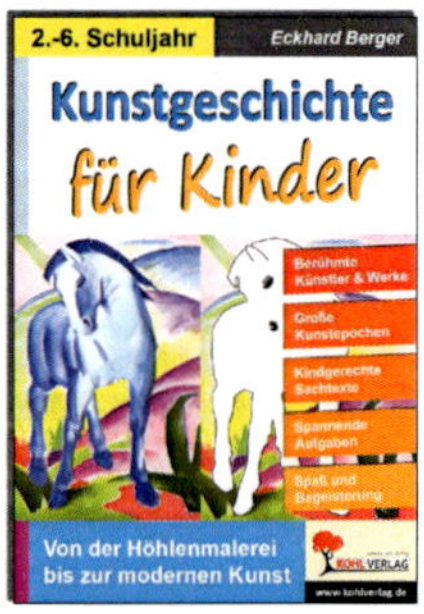

Eckhard Berger

Kunstgeschichte für Kinder

Von der Höhlenmalerei bis zur modernen Kunst

Alle relevanten Kunstepochen von der Höhlenmalerei bis zu dernen Kunst. Berühmte Künstler, Meisterwerke, kindger Sachtexte, spannende Basis- und Ergänzungsaufgaben und Alle Kinder nehmen optimal begeistert und hoch motiviert kur schichtliche Inhalte auf und setzen sie unter Einsatz verschie Materialien kreativ gestalterisch um. Wertvolles Grundwisser fantastische Praxisergebnisse entstehen.

FARBIG	64 Seiten	12 284	ab 20,99 €

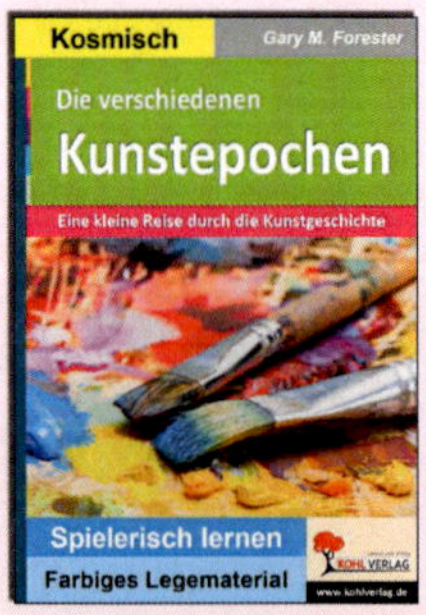

Gary M. Forester

Die verschiedenen Kunstepochen

NE

Eine kleine Reise durch die Kunstgeschichte

Mit diesem Band bekommen die Schüler einen Überblick über die wicklung der Kunst von der prähistorischen Kunst bis zur Mo Der Inhalt ist nach den Epochen wie Gotik, Klassizismus, Ron usw. aufgeteilt. Farbliche Zuordnung der Legekarten mit einfa kurzen Texten zu Schwerpunkten wie Malerei, Grafik und Plasti Architektur helfen den Schülern, die Kunstepochen fest einzuprägen. Außerdem lernen die Schüler mit diesem Legematerial bedeutendste Künstler kennen.

FARBIG	48 Seiten	15 092	ab 18,99 €

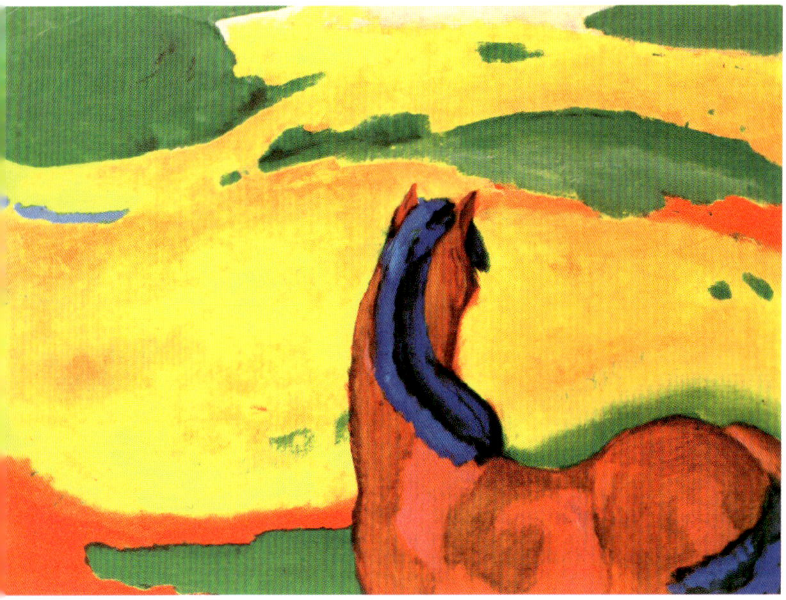
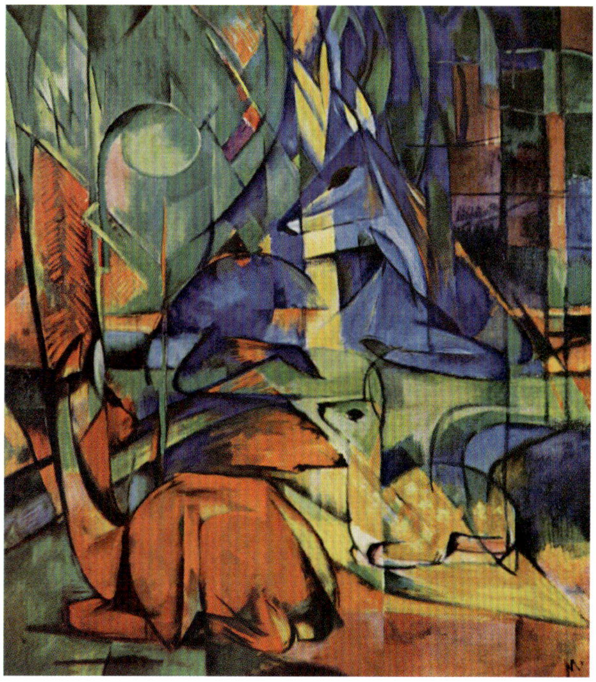
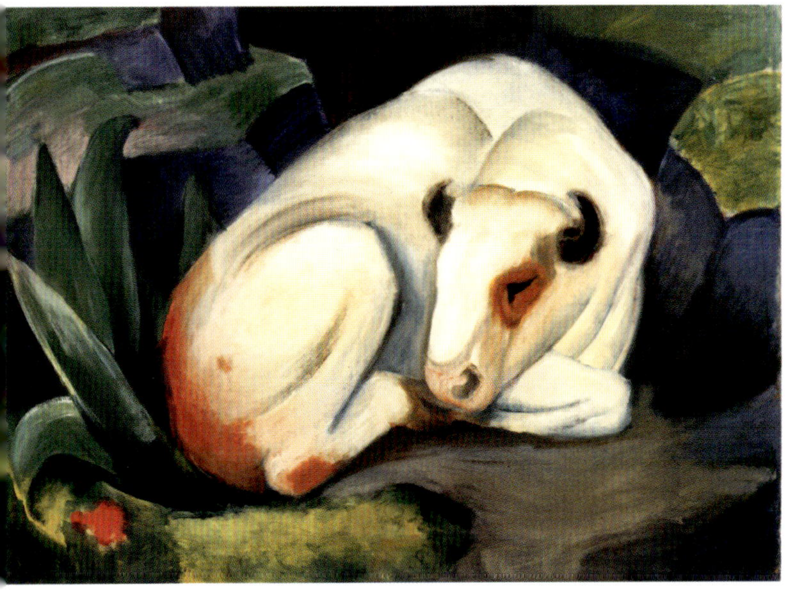
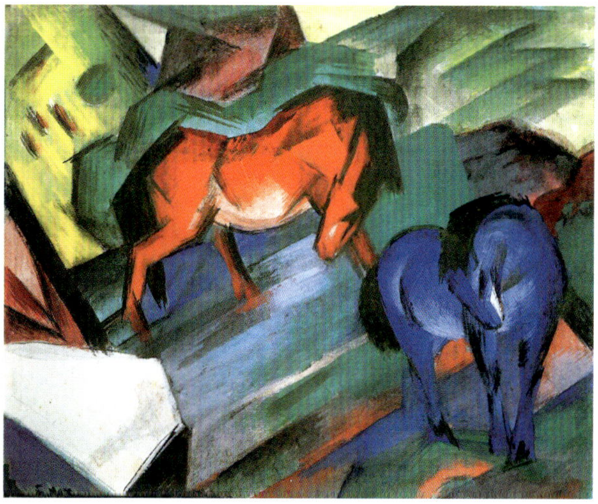
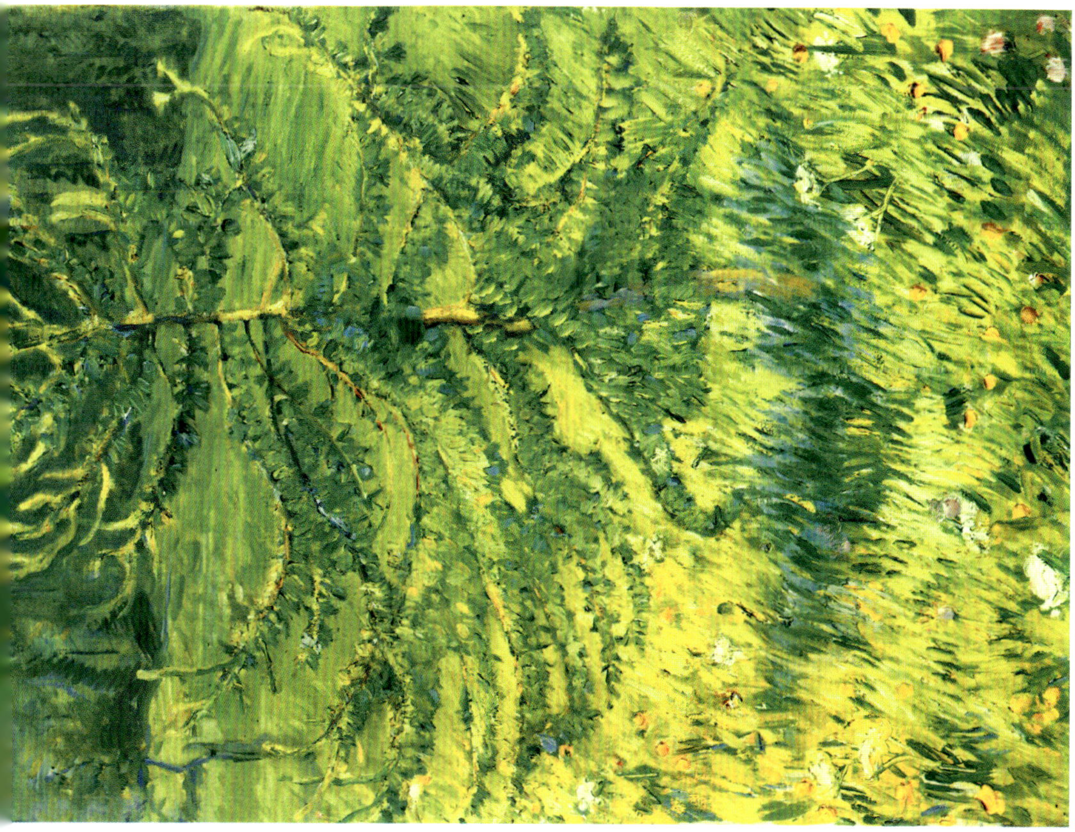
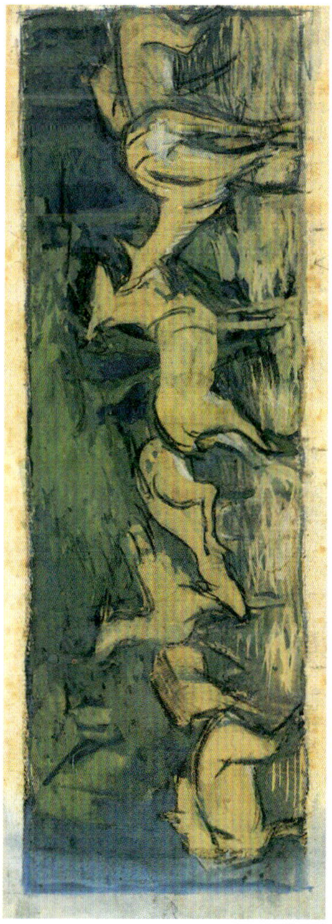

Fachbereich: *Kunst*

Schulform: *Grundschule, Hauptschule, Realschule, Gymnasium*

Beschreibung: *In der Kunstwerkstatt verfolgen die Kinder die Spuren berühmter Künstler in altersgerechten Texten und Aufgabenstellungen. Die künstlerische Handschrift können die Schüler handelnd nachvollziehen, wobei die Motivation zu eigenen Kunstwerken entsteht und sogar bei Kindern das Selbstvertrauen in die eigene künstlerische Leistung wächst, die bisher behaupteten, „keine Kunst zu können". Wie nebenbei lernen die Schüler noch mit jedem Künstler ein Stück Kunst- und Kulturgeschichte kennen.*

Weitere Bände:

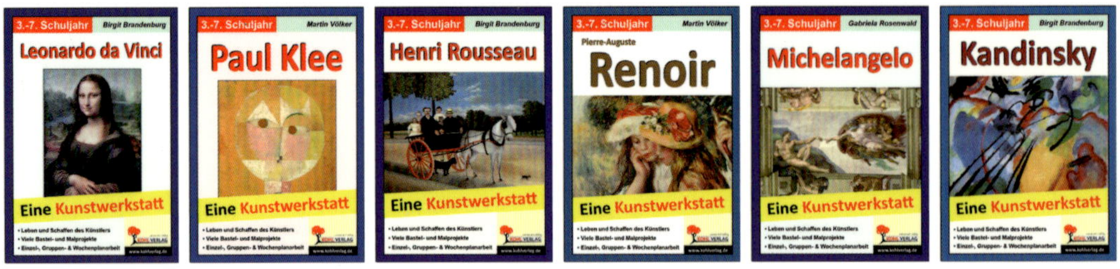

Nr. 10 864 | Nr. 11 156 | Nr. 11 038 | Nr. 11 451 | Nr. 12 150 | Nr. 12 077

Empfohlenes Schuljahr:

3
4
5
6
7

Lernen mit Erfolg
KOHL VERLAG

Nr: 10 947

ISBN: 978-3-86632-947-8

9 783866 329478

18,80 €